제자도 DISCIPLESHIP

A. W. 토저 인사이트 INSIGHT 시리즈

시대를 일깨웠던 토저. 언제나 명료하고 도전적이었던 그의 설교는 오늘을 사는 우리에게도 전혀 어색하지 않을 만큼 시대를 뛰어넘는 명설교였다. Moody Publishers에서는 토저의 명설교 중에서도 주옥같은 글들을 주제별로 모아 'INSIGHT'(통찰력) 시리즈로 출간했는데, 규장에서 이 시리즈를 한국 독자에게 번역, 소개한다. 하나님은 토저의 통찰력을 통해 우리에게 많은 것들을 가르치시며, 우리의 영혼에 빛을 비춰주셨다. 그러나 아무리 좋은 설교라도 그것이 우리의 삶에 적용되어 열매를 맺을 때에야 진정한 가치를 발하는 법이다. 이 시리즈를 통해 토저에게 배우고 자신을 점검하며 하나님께 한 걸음 더 가까이 나아가게 되기를 기대한다.

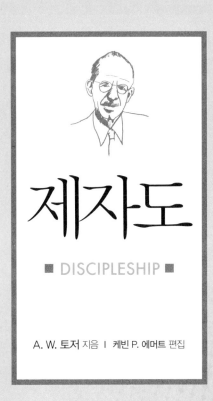

제자도

■ DISCIPLESHIP ■

A. W. 토저 지음 I 케빈 P. 에머트 편집

규장

2부 | 제자,
그리스도와
함께 걷다

진정한 제자가 되기
원하는가

예수 그리스도의 제자가 된다는 것은 무엇을 의미하는가? 제자
란 배우는 자리에서 스승의 가르침을 따르고 그와 같은 가르침
을 전파하는 사람이다. 그러나 그리스도의 제자가 된다는 것은
단순히 기독교의 교리들을 배우고 지키고 전파하는 것 이상의
의미를 갖는다. 그리스도의 제자가 된다는 것은 그분의 추종자
가 되어 어떤 대가를 치르더라도 그분이 이끄시는 곳으로 가며,
그분이 명하시는 대로 행하는 것을 말한다. A. W. 토저는 이것
을 잘 알았다.

  당신이 손에 들고 있는 이 책에는 제자도에 관한 토저의 글들
중에서 엄선된 것들이 담겨 있다. 이 책에서는 기도나 성경 읽기,
예배 참석, 다른 신자들과의 교제 같은 제자들의 '습관'을 탐색
하는 것이 아니라, 참된 제자들의 '특징'을 다룬다. 곧 알게 되겠
지만, 제자도는 우리가 행하는 어떤 일이 아니라 삶의 양식이라
고 토저는 말한다.

제자가 된다는 것은 자신을 예수께 전적으로 헌신하는 것을 포함한다. 그것은 건성으로 행하거나 삶의 일부만을 드리는 것을 의미하지 않는다. 또한 그리스도를 구주로 고백하는 자들에게 제자도는 선택 사항이 될 수 없다. 이 책을 통해 이렇게 여러 가지 면에서 참된 그리스도인이 된다는 것이 의미하는 바가 무엇인지 살펴보고자 한다.

　우리가 바라는 것은 이 책을 읽으면서 당신이 좀 더 열심히 그리스도를 따르고, 점점 더 그분을 닮아가며, 계속해서 그분께 영광을 돌리도록 자극을 받는 것이다. 반세기 전에 한 사람에 의해 쓰인 이 글이 오늘의 당신을 감동시켜, 하나님이자 인간이신 예수 그리스도께 당신의 모든 것을 드리도록 도전하고 격려하기를 바란다.

PART 1

제자,
그리스도와
함께 죽다

DISCIPLESHIP

무엇이
제자도인가

나더러 주여 주여 하는 자마다 다 천국에 들어갈 것이 아니요 다만

하늘에 계신 내 아버지의 뜻대로 행하는 자라야 들어가리라 마 7:21

신약성경에서 구원과 제자도를 살펴보면, 이 둘이 너무나 밀접하게 연관되어 있어 서로 떼어 생각할 수 없다는 것을 알게 된다. 이 둘은 샴쌍둥이처럼 죽어야만 끊을 수 있는 끈으로 서로 묶여 있다. 그런데 오늘날의 복음주의 단체들 안에서는 이 둘이 끊어지고 있다. 구원은 즉각적이고 자동적으로 이루어지지만 제자도는 무기한 미루거나 받아들이지 않아도 되는 선택적인 것으로 간주하는 그리스도인들이 많다.

  기독교 사역자들 중에도 '지금' 그리스도를 영접하라고 강력

히 권고하면서 도덕적, 사회적 문제들에 대해서는 '나중에' 결정하라고 말하는 경우가 많다. 순종과 제자도가 구원과 무관하다고 생각하는 것이다. 그들은 우리가 예수 그리스도에 관한 역사적 사실, 즉 그분이 우리의 죄를 위해 죽으시고 다시 살아나셨다는 것을 믿고, 이것을 우리 자신에게 적용하면 구원을 받을 것이라고 여긴다.

이런 구도자의 마음에는 예수님의 주 되심과 순종에 대한 전체적인 성경적 개념이 완전히 결여되어 있다. 그에게는 그저 도움이 필요하며, 그리스도가 그 도움을 주실 수 있는 분, 심지어 유일한 분이시기 때문에 예수님을 개인적인 구주로 '받아들이는' 것이다.

우리는 오늘날의 기독교에 제자도의 개념이 결여됨으로 인해 생긴 공백을 본능적으로 다른 대체물로 채우려 한다. 몇 가지 예를 들어보겠다.

제자도를 대신하려는 것들

1) 그리스도를 향한 감정적 호감

이것은 우리 주님을 향한 기분 좋은 호감 같은 것이다. 사람들은 이 호감 자체를 소중히 여긴다. 그러나 이것은 십자가를 지는 것이나 그리스도의 계명을 지키는 것과는 완전히 무관하다.

예수님을 향한 것이라 할지라도 성령께 속하지 않은 열렬한 사랑을 느끼는 것이 가능하다. 일부 독실한 영혼들이 느끼는 동정녀에 대한, 본질상 순전히 주관적일 수밖에 없는 사랑을 보라. 사람의 마음은 감정적 자기기만에 능숙하고, 가상의 대상이나 낭만적인 종교 사상과도 사랑에 빠질 수 있다.

혼란스러운 연애의 세계에서 청년들은 자신이 '사랑에 빠져 있을 때' 어떻게 알 수 있는지 끊임없이 묻는다. 그들은 다른 감각을 진정한 사랑으로 착각할까 봐 두려워하며, 그래서 가장 최근에 느낀 뜨거운 감정을 판단할 수 있는 믿을 만한 기준을 찾고 있다. 그들의 혼란은 사랑이라는 것이 지적이거나 의지적인 특성을 갖지 않으며 도덕적 의무를 수반하지 않는 즐거운 내적 열정이라는 잘못된 개념에서 비롯된다.

우리 주님은 그분에 대한 우리의 사랑을 시험해볼 수 있는 한 가지 원칙을 우리에게 주셨다.

"나의 계명을 지키는 자라야 나를 사랑하는 자니 나를 사랑하는 자는 내 아버지께 사랑을 받을 것이요 나도 그를 사랑하여 그에게 나를 나타내리라 … 예수께서 대답하여 이르시되 사람이 나를 사랑하면 내 말을 지키리니 내 아버지께서 그를 사랑하실 것이요 우리가 그에게 가서 거처를 그와 함께하리라 나를 사랑하지 아니하는 자는 내 말을 지키지 아니하나니 너희가 듣는 말은 내 말이 아니요 나를 보내신 아버지의 말씀이니라"(요

14:21, 23-24).

더 이상 설명이 필요치 않을 만큼 명료한 말씀이다. 여기서 그리스도에 대한 사랑의 증거는 '감정'의 영역에서 완전히 배제되고 실제적인 '순종'의 영역에 자리를 잡는다. 나는 신약성경의 나머지 부분들이 이와 온전히 일치한다고 생각한다.

2) 문자주의

주님은 바리새인들이 박하와 회향과 근채의 십일조는 드리면서 그보다 더 중요한 정의, 긍휼, 믿음과 같은 율법의 더 중요한 문제들을 무시하는 것에 대해 그들을 책망하시며 이 문제를 언급하셨다(마 23:23 참조). 문자주의는 우리 가운데서 여러 방식으로 나타나지만, 말씀에 담긴 정신을 무시하고 문자에만 따라 산다는 점으로 분별할 수 있다. 즉 그들은 그리스도의 말씀의 내적 의미는 파악하지 않고 그저 습관적으로 말씀을 지키는 외적 행동에 만족한다.

예를 들어, 그리스도가 세례를 명하셨다고 하자. 그럴 때 그들은 물세례의 행위에 만족을 얻으며, 로마서 6장이 설명하는 그 행위의 근본적인 의미는 완전히 무시한다. 그들은 규칙적으로 성경을 읽고, 끊임없이 종교적인 일에 힘쓰며, 주일마다 교회에 출석하고, 그 외에도 일반적으로 주어지는 그리스도인의 의무들을 수행한다. 물론 이런 점은 칭찬받아 마땅하다. 그러나 이런 일의 실패가 비극적인 것은 그리스도의 주 되심, 신자의 제자도, 세상으로부터의 구별됨, 그리고 자연인이 십자가에 못 박힌 것을 이해하지 못하는 데 있다.

문자주의는 '종교적 자아'라는 모래밭 위에 거룩한 성전을 지으려 한다. 그러나 종교적 자아는 고난도 겪고 희생하고 애를 써도 죽지는 않는다. 아무리 경건해도 그것은 아담이며, 십자가를 지고 그리스도를 따르기 위해 자기를 부인한 적이 없는 사람일 뿐이다.

3) 열성적인 종교 활동

그리스도를 위해 일하는 것이 오늘날에는 대부분의 복음주의 그리스도인들 사이에서 경건의 시험대로 받아들여지고 있다. 그리스도가 순종해야 할 주님이 아니라 홍보해야 할 프로젝트, 혹은 추진해야 할 대의명분이 되어버린 것이다.

무언가 잘못 알고 있는 수많은 사람들이 그리스도를 위해 꼭 이루어져야 한다고 생각하는 일들을 자기들 생각에 가장 좋은 방법으로 행하려 한다. 기독교 사역의 내용과 방법은 오직 우리 주님의 주권적인 뜻에서만 비롯되어야 한다. 그러나 우리 가운데 바쁘게 움직이는 사람들은 이 사실을 무시하고 그들 자신의 방법들을 생각해낸다. 그 결과는 보냄을 받지 않은 상태에서 달려가고, 명령을 받지 않고 말하는 사람들로 구성된 군대이다.

이와 같이 입증되지 않은 대체물들의 덫을 피하기 위해 나는 그리스도의 주 되심과 신자의 제자도를 주의 깊게, 그리고 기도하며 연구할 것을 권한다.

제자도의 특징

기독교의 성경, 특히 요한복음은 서로 대립되는 것처럼 보이는 두 가지 진리를 포함한다. 하나는, 누구든지 원하는 사람은 그리스도께 나아올 수 있다는 것이다. 다른 하나는, 어떤 사람이 주께 나아오려면 그전에 그의 마음속에 하나님의 주권적인 역사로 인한 사전작업이 이루어져야 한다는 것이다.

누구든지, 언제든지, 상황에 구애받지 않고, 아무런 종교 지식이나 성령의 도우심이 없어도 시작할 수 있으며, 갑작스러운 의지의 결단으로 그리스도를 믿어 구원받을 수 있다는 생각은 성경의 가르침에 완전히 반하는 것이다. 사람들을 향한 하나님의 초청은 광범위하지만 무조건적인 것은 아니다.

'누구든지'라는 단어는 문을 활짝 열어둔다. 하지만 최근 교회들이 행한 복음의 초청은 적절한 한도를 훨씬 넘어섰고, 거룩한 성경 속에서 발견되는 것보다 더 인간적이며 덜 신성한 것이 되었다.

우리는 '누구든지'라는 단어가 결코 독립적으로 사용되지 않는다는 것을 쉽게 간과한다. 이 단어는 함께 사용되는 '믿다' 또는 '~할 것이다' 또는 '나아오다'라는 단어에 의해 그 의미가 달라진다. 그리스도의 가르침에 의하면, 어떤 사람 안에서 하나님이 먼저 어떤 일을 행하심으로 그렇게 할 수 있게 해주지 않으시면 누구도 믿음으로 나아오지 않을 것이며, 또한 그러지 못할 것이다.

주님은 요한복음 6장에서 오늘날의 복음적인 그리스도인들이 말하기조차 두려워할 만한 말씀을 하신다. 많은 사람들은 이 말씀을 그저 무시하는 단순한 수법을 쓰며 살아가려 한다.

- 아버지께서 그리스도께 주신 자들만 그리스도께 나아올 것이다(요 6:37).
- 아무도 자기 혼자서는 올 수 없다. 아버지께서 먼저 그를 이끄셔야 한다(요 6:44).
- 그리스도께 나아올 수 있는 것은 아버지의 선물이다(요 6:65).
- 아버지께서 아들에게 주시는 자는 다 그에게로 올 것이다(요 6:37).

이런 말씀을 들었던 주님의 제자들 중 많은 이들이 다시 돌아가 더 이상 그분과 동행하지 않았다는 사실은 놀라운 일이 아니다. 그러한 가르침은 자연인의 마음에 깊은 충격과 불안을 줄 수밖에 없기 때문이다. 그것은 죄악 된 인간으로부터, 그들이 그토록 자랑스러워했던 자기 결단력을 상당히 빼앗아간다. 그것은 그들의 자립 계획을 꺾고, 그들이 주권자 하나님의 선하신 뜻에 의존하게 만든다.

그들은 그렇게 되기를 원치 않는다. 그들은 은혜로 구원을 받고자 하지만, 그들의 자존심을 지키기 위해 구원에 대한 갈망이 자기에게서 비롯되었다고 간주하려 한다. 그들은 이 갈망을 자신이 전체에 기여하는 부분으로 여긴다. 이것은 그들이 드리는 땅의 열매이다. 그러나 실상은 그들 손에 있지 않고 결코 있을 수도 없는 '구원'을 그들의 손 안에 두려는 것이다.

이런 일들이 우리에게 가져오는 어려움들을 시인하고, 또 일반적인 기독교의 전제에 반대된다는 것을 인정하더라도, 결코 부인할 수 없는 사실이 있다. 그것은 아직 회심하지 않았음에도 불구하고 일반 사람들과 달리 하나님으로부터 온 표시를 지니고 있으며, 내적 상처에 아파하고, 다른 사람들보다 더 그리스도의 부르심에 민감한 사람들이 있다는 것이다.

나는 하나의 교리로 존재하는 가르침에는 관심이 없지만, 그런 사람들을 알아보는 법을 배우는 데는 매우 관심이 많다. 하나님이 안수하신 후에 변하지 않는 사람은 아무도 없다. 그는 어떤 표시들을 갖기 때문이다. 물론 그것들을 발견하기가 쉽지 않겠지만, 조심스럽게 몇 가지를 언급해보고자 한다.

첫 번째 표시는 '거룩한 것에 대한 깊은 경외심'이다. 성스러움에 대한 감각이 없으면 하나님과 진리를 받아들일 수 없다. 이

신비로운 경외감은 회개와 믿음에 선행하는 것으로, 하늘로부터 오는 선물이다. 하나님의 세계 안에서 살면서도 하나님의 임재에 아무런 영향을 받지 않으며 살아가는 사람들이 많다. 그들은 선하고 정직할지 모르지만 그래봐야 흙으로 만들어진 인간으로, 유한한 흙덩어리에 불과하다. 이들은 성령의 어떤 부르심에도 응답하지 않는다.

또 하나는 '도덕적 민감성'이다. 대부분의 사람들은 마음과 양심의 문제에 무관심하고 무감각하다. 그래서 적어도 현 상태에선 구원을 받을 수가 없다. 그러나 하나님이 구원으로 이끌기 위해 그 안에서 일하기 시작하시면 그 사람은 악에 매우 민감하게 된다. 탕자를 일깨워 집으로 돌아오게 만든 것은 돼지우리를 향한 내적 혐오감이었다. 이는 택하신 자들에게 주시는 하나님의 선물이다.

성령의 역사를 나타내는 또 다른 표시는 '강한 도덕적 불만족'이다. 죄인이 스스로 불행하다고 생각하게 만들려는 우리의 노력에도 불구하고, 사실 '인류'라는 큰 집단은 사회적 조건과 건강 상태에 따라 매우 즐겁게 살 수 있다. '죄악의 낙'이라는 것이 있으며(히 11:25), 대다수의 사람들은 굉장히 즐거운 시간을 보내며 산다. 양심은 약간 성가신 존재일 뿐, 대부분의 사람들은 아예 일찍부터 그것과 휴전해버리며, 그 후로는 그것에 크게 구애받지 않는다.

이런 사람들이 세상에 대한 흥미를 잃고 자기 자신에게서 등을 돌리게 하려면 하나님이 그 사람 안에서 역사하셔야만 한다. 이런 일이 그에게 일어나기 전까지는 심리적으로 회개하고 믿을 수가 없다. 세상의 도덕적 기준이나 자신의 거룩하지 못한 상태에 조금이라도 만족하게 되면 믿음이 그 사람의 마음속으로 흘러가지 못하고 막혀 버리기 때문이다. 에서의 치명적 결함은 도덕적 안주였고, 야곱의 유일한 장점은 불만을 품었다는 것이다.

다시 말하지만 한 사람이 구원을 받을 수 있으려면 먼저 '강렬한 영적 갈급함'을 느껴야 한다. 사람들의 마음을 가까이 접해 보면 사람들 사이에 영적 갈망이 거의 없다는 사실을 알게 된다. 종교나 경건한 대화는 있지만 진정한 갈망은 없다. 그렇기에 갈급한 마음이 있는 곳이라면, 먼저 하나님이 그곳에 계셨다는 사실을 확신할 수 있다.

"너희가 나를 택한 것이 아니요 내가 너희를 택하여 세웠나니"(요 15:16).

※ *The Set of the Sail*
  Christian Publications, 1990; WingSpread Publishers, 2009, 재출간.

참 제자와
거짓 제자

너희가 내 말에 거하면 참으로 내 제자가 되고 진리를 알지니

진리가 너희를 자유롭게 하리라 요 8:31,32

우리는 말이나 글로 표현되지 않은 것으로부터 꽤 많은 것을 배울 수 있다. 예를 들어, 내가 '위'라고 말한다면 그것은 반드시 '아래'가 존재한다는 뜻을 내포한다. 내가 '길다'라고 말한다면 그것은 '짧은' 것이 있음을 의미한다. 그렇지 않으면 군이 내가 '길다'라고 말할 필요가 없을 테니 말이다. 내가 만일 '좋다'라고 말한다면 반드시 '나쁜' 것이 있는 것이다. 그렇지 않으면 '좋은' 것과 비교할 대상이 없을 테니 말이다. 따라서 예수님이 '참 제자'라고 말씀하신 것은 분명 다른 종류의 제자들이 존재했다는

것이다.

'참된' 제자들과 비교되는 다른 종류의 제자들에 대해 생각하기 전에 바리새인들과 예수님의 논쟁의 틀에 주목해보자. 가장 먼저, 그들은 예수께 "네 아버지가 어디 있느냐?"(요 8:19)라고 물었다. 그러자 예수님은 대담하게 "너희는 나를 알지 못하고 내 아버지도 알지 못하는도다 나를 알았더라면 내 아버지도 알았으리라"(8:19)라고 대답하셨다. 그리고 계속해서 "내가 가리니 너희가 나를 찾다가 너희 죄 가운데서 죽겠고 내가 가는 곳에는 너희가 오지 못하리라"(8:21)라고 말씀하셨다.

그러자 그들은 잠시 후 "네가 누구냐?"(8:25)라는 무례한 질문을 했다. 그들의 질문에 예수님은 사실상 이렇게 대답하셨다.

"나는 처음부터 너희에게 말하여 온 자니라. '너희가 이 성전을 헐라 내가 사흘 동안에 일으키리라'(요 2:19)라고 말하지 않았느냐? 그게 바로 나다! 나는 나 자신을 언급했고 '인자가 하늘에 있다'라고 했다(마 26:64 참조). 그게 바로 나다. '네게 말하는 내가 그(그리스도)라'(요 4:26)라고 했다. '아들도 자기가 원하는 자들을 살리느니라'라고 말한 이가 바로 나다. '나는 하늘에서 내려온 살아 있는 떡이니 사람이 이 떡을 먹으면 영생하리라'(요 6:51)라고 했다. '나는 세상의 빛이니 나를 따르는 자는 어둠에 다니지 아니하고'라고 했다. 그게 바로 나다. 나는 말하고 심판하며, 늘 아버지가 기뻐하시는 일을 행하므로 아버지께서 나와 함께 계신다. 나는 아버지로부터 온 대변인이다. 그게 바로 나다!"

하나님의 말씀이신 예수님

예수님은 "나는 말하고 판단한다. 나는 아버지께 들은 것을 말한다"라고 말씀하실 수 있었고, 또 그렇게 말씀하셨다는 것을 기억하라. 예수님은 사람들이 받아들일 수 있는 인간적인 조언을 주시거나 그들이 원하는 대로 하게 내버려두지 않으셨다. 대신 항상 절대적이고 최종적인 권위를 갖고 말씀하셨다. 그분은 단지 한 사람으로서 말씀하신 것이 아니다. 그분의 조언은 그저 선하고 종교적인 사람에게서 나오는 조언이 아니었다. 예수님은 하나님의 말씀이셨다. 그것은 예수님이 그분께 묻는 자들에게 하신 대답이기도 했다.

"나는 위에서 났으며 … 나를 보내신 이가 참되시매 내가 그에게 들은 그것을 세상에 말하노라 … 내가 스스로 아무것도 하지 아니하고 오직 아버지께서 가르치신 대로 이런 것을 말하는 줄도 알리라 … 나를 혼자 두지 아니하셨느니라"(요 8:23, 26, 28-29).

예수님은 아버지를 대변하셨으며, 상고할 수 없는 그분의 절대적인 메시지를 전한다고 선언하셨다. 이는 오늘날 우리가 기독교 단체들 안에서 듣는 것과 완전히 다른 것이다.

만일 어떤 목회자가 "그것은 이렇게 처리해야 한다"라고 했다고 하자. 이때 성도들은 목회자의 말에 대해 더 높은 권위에게 항소할 수 있다. 반면에 주 예수 그리스도께서 말씀하실 때는 누구도 항소할 수 없다. 예수님이 아니면 영원한 밤이다. 예수님의 말씀을 듣거나 아니면 영원히 무지 속에 있어야 한다. 예수님의 빛을 받아들이거나 아니면 영원히 어둠 속에 있어야 한다.

이에 대해 즉시 이렇게 항의하는 사람이 있을 것이다.

"이건 너무 오만하고 편협합니다! 저는 그리스도인들이 편협해야 한다고 믿지 않아요!"

나는 그런 사람을 좀 더 깜짝 놀라게 할 수 있다. 나는 기독교의 자선을 믿지만, 기독교의 관용은 전혀 믿지 않는다. 예수님의 이름을 미워하는 사람, 그분이 하나님의 아들이 아니라 사기꾼이라고 믿는 사람도 우리의 자선을 받을 자격이 있다. 내가 만일 그런 사람의 옆집에 산다면 우리 사이에 울타리를 치지는 않을 것이다. 만일 그런 사람과 함께 일한다면 다정하게 대할 것이다. 나는 기독교의 자선을 믿는다. 그러나 요즘 우리가 설교 시간에 자주 듣는 연약한 관용은 믿지 않는다. 즉 예수님이 모든 사람을 포용하셔야만 하며 기독교는 모든 종류의 교리를 포용해야 한다는 사상이다. 나는 결코 이것을 믿지 않는다. 다수의 '옳은 답'은 존재하지 않기 때문이다. 오직 한 예수님과 한 하나님, 한 성경만이 존재할 뿐이다.

만일 우리의 관대함이 사람들을 혼탁한 의식과 영적 어두움으로 이끈다면, 우리는 그리스도인답게 행동하고 있는 것이 아니다. 우리는 비겁한 사람들처럼 행동하고 있는 것이다! 가장 좋은 것은 예수 그리스도께서 말씀하신 대로 기억하는 것이다!

예수님이 아버지에게서 왔다고 주장하셨을 때, 그분이 처음부터 하나님과 함께하셨던 영원한 말씀이고 과거와 현재의 하나님이라고 하셨을 때, 우리는 진리를 들은 것이다. 우리의 입장은 명확하다. 예수님과 다른 많은 철학들이 더해지는 것이 아니다. 오직 예수님뿐이다. 예수님만으로 충분하다.

정직한 사람은 모든 것을 다 이해하지 못할지라도 예수께 구하며 나아올 것이다. 그 사람이 이해하도록 도우려면 일주일 혹은 한 달, 어쩌면 1년 혹은 10년이 걸릴지도 모른다. 그러나 그 사람은 이것을 확신할 수 있다. 우리 주님은 절대 그분이 하신 말씀 외에 다른 말씀을 하지 않으실 것이란 사실이다. 그분은 절대 얼버무리지 않으실 것이다. "나는 그런 뜻으로 한 말이 아니었다"라고 토를 달지 않으실 것이다. 그분은 의도한 대로 말씀하셨고, 그분의 말씀은 진심이셨다. 그분은 영원한 말씀이시며, 우리의 제자도가 진실하고 한결 같으려면 반드시 그분의 말씀을 들어야 한다.

우리는 예수 그리스도의 참 제자들에 대해 생각해야 한다. 그들은 어둠 속에서 충동적으로 뛰어오른 사람이 아니다. 그들은 깊이 생각하고 충분히 고려한 후에 그리스도인이 된 사람이다. 참된 제자는 하나님의 말씀에 비추어 자신의 마음을 살핀다. 참된 제자는 자신의 죄를 자각하고, 그로부터 벗어나야 할 필요성을 느낀 사람이다. 참된 제자는 예수 그리스도가 자신을 죄책에서 벗어나게 해줄 수 있는 유일한 분이심을 믿게 되었고, 둘러대지 않고 주저함 없이 자기 자신을 구주 예수 그리스도께 헌신한 사람이다.

참된 제자는 기독교 신앙을 시간제 헌신으로 간주하지 않는다. 그는 삶의 모든 부분에서 그리스도인이 되었다. 참된 제자는 그리스도인의 경험에 있어 되돌릴 수 없는 지점에 이르렀다. 하루 24시간 동안 그를 따라다녀보라. 그 사람이 그리스도께 충실하며, 기쁘게 하나님의 말씀 안에 거하고 있음을 확실히 믿을 수 있을 것이다.

충동을 따른 사람들

그러면 다른 종류의 제자들은 어떠한가? 충동적으로 그리스도의 제자가 되는 사람을 생각해보아야 한다. 이 사람은 열광의 파도에 편승해왔을 가능성이 크다. 나는 너무 쉽게 회심하는 사람에 대해선 약간 의심이 든다. 그가 쉽게 그리스도께 회심할 수 있다면 또 쉽게 다른 길로 돌아설 수 있을 것이라는 느낌이 든다. 나는 전혀 저항하지 않고 바로 굴복하는 사람들을 보면 걱정이 된다.

차라리 처음엔 나를 똑바로 쳐다보며 "난 그걸 믿지 않고 믿을 마음도 없어요!"라고 말하더라도, 나를 진심으로 대하는 죄인이 좋다. 그 사람이 마음을 바꾸게 될 때가 올 테니까. 그는 진정하는 데 시간이 걸릴 것이며, 말씀을 듣고 묵상하는 데 시간이 필요할 것이다. 천천히, 그렇지만 확실하게 그는 그리스도의 길이 옳은 길이라는 결정을 내릴 것이다. 그 사람이 그리스도인이 될 때 당신은 중요한 사람을 얻은 것이다!

그러나 쉽게 내둘리는 '변덕쟁이'는 또한 쉽게 밀려날 것이다. 우리가 쉽게 설득해서 왕국에 들어올 수 있는 사람이라면 곧 다시 떠날 수 있다.

어떤 사람은 단지 자신의 마음이 준비가 되었다는 이유로 제자가 되기도 한다. 최근에 어머니가 돌아가신 한 사람이 있다고 하자. 그는 "나 집에 돌아갑니다 어머니 기도 못 잊어"라는 찬송에 눈물을 흘리며 앞으로 나아온다. 사람들은 그가 회개의 눈물을 흘리고 있다고 생각한다. 하지만 사실 그는 단지 자기 어머니에 대해 생각하고 있을 뿐이다.

충동적인 기독교 신앙은 제자도와 일치하지 않는다. 하나님은 우리를 재촉하여 하나님나라에 들어가게 하지 않으실 것이다. "지금은 은혜 받을 만한 때요 보라 지금은 구원의 날이로다"(고후 6:2)라고 선언하는 성경 말씀은 사실이다. 그러나 하나님께서는 사람들이 준비가 되기도 전에 누에를 고치에서 억지로 뽑아내듯이 나오는 것을 원치 않으신다.

사실 나는 "하루 동안 이것에 대해 생각해보고 싶어요"라든가 "일주일 동안 성경을 읽으며 이 결정이 무엇을 의미하는지 생각해보고 싶습니다"라고 진실하게 말할 만큼 이 결정에 대해 신중한 사람을 지지한다.

나는 단기간에 열광하게 만들 수 있다는 것을 교회에 대한 큰 칭찬으로 여겨본 적이 없다. 주전자 안에 있는 물이 적을수록 더 빨리 끓기 시작한다. 열정에 따라 회심했다가 도덕적으로 타락하는 사람들이 있다는 것을 잊지 마라!

사람을 따른 사람들

나는 또한 개인숭배 때문에 그리스도인이 된 듯한 제자들을 만나보았다. 그들은 매력적인 개인에게 압도당하고 매료되었다. 함박웃음을 지을 때 얼굴 가득 매력을 발산하는 사람들이 있다. 그들의 미소에 사람들이 즉시 그들을 따르고 싶어 한다는 것을 부인할 수 없을 것이다.

나는 성격 검사에 크게 집착하진 않았으나 늘 약간 신경이 쓰였다. 실제로 나는 정말로 나에게 유리한 검사를 발견하지 못했다. 항상 낮은 점수를 받는 듯했다. 하지만 "당신은 좋은 남편입니까?", "당신은 좋은 아버지입니까?", "당신은 개성이 있습니까?"라는 질문이 나오면 그냥 넘어가지 않는다.

기독교선교연맹(The Christian And Missionary Alliance)의 회장이자 지혜로운 기독교 철학자인 H. M. 슈만(Shuman) 박사에게 내 마음을 털어놓은 적이 있다.

"슈만 박사님, 아무도 저를 따르지 않을 겁니다. 매력과 인품이 넘치는 훌륭한 리더들을 의식하지 않을 수가 없어요. 그들은 휘파람만 불어도 사람들이 몰려옵니다!"

이에 슈만 박사는 이렇게 대답했다.

"그들이 당신을 따르지 않는 것에 대해 하나님께 감사하세요. 그들이 당신은 따르지 않더라도 예수님을 전하면 그분은 따를 테니까요!"

예수님은 우리가 보기에 흠모할 만한 아름다운 것이 없으셨다(사 53:2). 예수님은 인기 많은 소년이 아니셨다. 그저 평범하게 생긴 유대인이었을 것이다. 왜냐하면 군인들에게 누가 예수님인지 알려주기 위해 유다가 예수께 입맞춤을 해야 했기 때문이다. 만일 예수님이 TV에 나올 만한 인물이었고 그렇게 보이셨다면 산에 올라가 그분을 찾을 필요가 없었을 것이다.

그러나 예수님이 입을 여시면 은혜와 진리가 쏟아져나왔고, 사람들은 그분의 입술에서 나오는 말씀을 거부하거나, 그 말씀에 따랐다. 어느 경우든, 그들은 결코 예전과 같을 수 없었다.

반쪽짜리 제자들

이제 반쪽 제자들, 즉 일부만, 혹은 반절만 제자인 이들에 대해 생각해보자. 이들은 삶의 일부에서만 그리스도의 통치를 받고, 다른 영역은 그분의 통치 밖에 둔다. 오래전에 나는 예수 그리스도께서 나의 전부를 다스리지 않으신다면 나의 어느 부분도 다스리지 않으실 가능성이 매우 높다는 결론에 이르렀다.

이상하게 들릴지 모르지만, 나는 절반만 구원을 받은 그리스도의 제자들을 만나보았다. 신학적으로 그들을 구별해달라고 하지 말라. 나는 그럴 수 없다. 하나님께서 나에게 하나님이 판정을 내리실 수 없는 사람들을 위해 추천서를 쓰라고 하시지 않는 것을 기쁘게 생각한다! 하나님은 나에게 그것을 요구하지 않으신다. 왜냐하면 하나님은 모든 사람이 어디에 있는지, 즉 하나님나라 안에 있는지 밖에 있는지 아시며, 나는 모르기 때문이다.

내가 반쪽 제자로 여기는 사람들에 대해 아는 것은 이것뿐이다. 즉 그들은 어떤 일에 대해선 하나님을 의식하지만 어떤 일에 대해서는 그렇지 않다. 그들은 삶의 선별된 영역 안에선 하나님께 순종하지만 다른 영역에선 고의로 불순종할 것이다. 나는 그들을 어디에 두어야 할지 모르겠다. 그들을 어떻게 해야 하는지도 모르겠다. 따라서 나는 그들을 하나님께 맡길 뿐이다.

나 자신으로 말하자면, 절대로 반쪽 제자가 되고 싶지 않다. 나의 모든 삶과 나의 모든 것이 주 예수 그리스도의 지배를 받기 원한다. 어느 나이 많은 영국 설교자는 이런 말을 하곤 했다.

"그리스도가 모든 것의 주가 되실 수 없다면 그분은 주님이 아닐 겁니다!"

확실히 그분은 내 모든 삶의 주님이 되기 원하신다. 내가 나의 온 존재를 그분께 맡기는 제자가 되길 원하신다.

어느 젊은 그리스도인이 빛나는 얼굴로 신앙생활을 시작한다고 하자. 그는 기도 모임에서 무릎을 꿇고 이렇게 말한다.

"주여, 저를 받으시고 저를 사용하소서!"

그는 모범적이고 성별된 그리스도인처럼 보인다. 그때 한 아름다운 소녀가 나타난다. 그녀는 그리스도인이 아니다. 하지만 외모가 뛰어나고 매력적인 성격과 부드러운 목소리를 가지고 있다. 청년은 그녀에게 관심을 갖게 되고, 그녀는 그를 이끌어가기 시작한다. 마침내 그들은 결혼해 가정을 꾸린다. 그리고 곧 청년은 기도모임에 나오지 않게 된다. 당신이 그 일에 대해 그에게 묻자 그는 이렇게 대답한다.

"아내가 그 시간에 다른 계획을 세워두었어요."

머지않아 그는 반쪽 그리스도인, 반쪽 남편이 되며, 어느 쪽에서든 열심히 일하지 않게 될 것이다.

잔인하게 말하고 싶지는 않지만 솔직히 말해야겠다. 예수 그리스도는 주님이 되기 원하시며, 주님이 되셔야만 한다. 그분이 우리 삶의 모든 부분의 머리이자 주인이 되셔야 한다. 예수님이

다스리실 수 없는 밀폐된 객실 안에 여자 친구나 남편, 가정, 혹은 직장을 가두어놓을 수 없다. 예수님이 우리의 모든 것의 주인이 아니시라면, 우리는 진정한 제자가 아니다.

단기 제자들

또 어떤 이들은 제자이긴 한데, 단기간만이다. 나는 이런 사람들을 몇몇 만났다. 그들은 항상 출구를 남겨둔다. 그들은 지나온 다리를 태우지 않는다. 돌이킬 수 없는 지점까지 가지 않는다. 나는 그리스도인이 돌이킬 수 없는 지점에 이르렀을 때에야 정말 그리스도인이 된 것이며, 그런 사람이 진정한 제자라고 믿는다.

교인들이 하나님과 바르게 모든 일을 함께한다면 구원받은 후에 잃어버린 자가 될 수 있는지 없는지에 대해 그렇게 많이 염려하지 않을 것이다. 그들은 "주님, 저는 그런 신학적인 문제들에 대해 걱정하지 않을 것입니다. 저는 지금 그것을 직시하고, 돌이킬 수 없는 지점에 이를 것입니다. 저는 결코 돌아가지 않을 겁니다"라고 말해야 한다.

그러나 아직 그 지점까지 가지 못한 단기적인 제자들이 있다. 그들은 파트타임, 단기간의 제자들이다. 그들은 한철의 제자들이다. 부활절과 성탄절, 그 외에 특별한 때에만 교회에 온다. 그들은 특정 시즌에만 매우 종교적일 수 있다.

카멜레온 제자들

카멜레온 제자들에 대해 들어보았는가? 그들은 상황에 따라 색깔을 바꿀 수 있다. 심지어 그와 같은 설교자들도 있다. 그들은 자신과 함께하는 군중의 언어로 말할 수 있다. 자유사상가들과 함께 있으면 그들의 설교는 자유롭게 들리기 시작한다. 복음주의자들과 함께 있으면 복음주의적으로 들린다. 그들은 이것을 "적응력이 높다"라고 평한다. 그러나 그들에게 필요한 것은 적응이 아니라, 하나님이다!

그리스도의 제자로서 우리는 어디에 있든 한결같아야 한다. 마치 다이아몬드처럼 말이다. 다이아몬드는 상황에 따라 달라지지 않는다. 그것은 언제나 다이아몬드다.

마찬가지로, 그리스도인은 항상 그리스도인이어야 한다. 적합한 환경에서만 우리의 신앙을 실천한다면, 우리는 그리스도인이 아니다. 축복을 받기 위해 교회에 가야 한다고 생각한다면, 우리는 그리스도인이 아니다. 철저히 그리스도의 사람이 될 때까지, 즉 돌이킬 수 없는 지점에 이르러 때에 따라 달라지는 것이 아니라 늘 동일한 신자가 될 때까지, 우리는 그리스도인이 아니다. 그때에 이르면 하나님께서 우리가 진정한 제자라고 말씀해주신다. 우리는 주님을 알기 위해 따라가는 것이다!

진정한 제자가 아닌 사람들의 몇 가지 특징을 살펴보는 것도 좋을 것이다. 그들 중 일부는 경건한 모습을 보인다. 실제로 주일 아침에 그들은 박제 올빼미들처럼 경건하게 보인다. 복음주의 단체 안에 그런 이들이 일부 있다.

이들은 주일 오전 10시 45분이 되면 경건해진다. 그들은 오전 10시 45분 예배에 늦지 않도록 일어나면 된다. 이를 위해서는 굳이 종교적인 사람이 되지 않아도 된다. 예배는 주일 저녁식사와 겹치지도 않는다. 예배에 참석하기 위해 가면서 그들은 약간의 맑은 공기도 마실 수 있다. 예배는 오래 걸리지 않으며, 좋은 음악까지 들을 수 있다. 그들이 해야 할 일은 그저 헌금함에 돈을 넣는 것뿐이다.

일주일에 한 번, 주일 아침에만 교회에 가는 사람들은 자신이 파트타임, 즉 주일 아침에만 제자인 것은 아닌지 의심해보아야 한다. 그들은 자신이 다른 종류의 제자라는 걸 입증할 만큼 충분히 교회 안에 있지 않는다.

외줄 타는 제자들

다른 종류의 제자들은 그들이 가진 어떤 사랑들도 포기하지 않는다. 오래전 페넬롱(Fénelon)은 이렇게 말했다.

"그 사랑을 발견하려면 당신의 사랑들을 버리라. 가장 중요한 연인을 발견하려면 당신의 연인들을 버리라. 당신이 사랑할 수 있는 단 한 분을 발견하려면 당신이 사랑하는 모든 것을 버리라."

그러나 다른 제자들은 그렇게 하지 않을 것이다. 즉 그들의 다른 사랑들을 버리지 않을 것이다. 그들은 한 손에는 세상을, 다른 한 손에는 십자가를 들고 천국과 지옥 사이에서 줄타기를 하기 원한다. 하나님의 은혜로 마지막 한 번의 점프로 정문을 통과하길 기대한다.

하지만 나는 그렇게 생각하지 않는다. 나는 성경에 나오는 발람을 기억한다. 그는 애절한 기도를 드렸는데, 아마도 이 나라 설교자들의 절반은 그 기도를 근거로 그를 천국으로 직행시켰을 것이다. 그는 "나는 의인의 죽음을 죽기 원하며 나의 종말이 그와 같기를 바라노라"(민 23:10)라고 말했다. 그러나 그다음에 그는 죄인들의 편에 서서 의인들과 싸웠다. 그는 나중에 어떤 죽음을 맞이했는가? 의인의 죽음이었는가? 나는 그렇지 않다고 말한다. 그는 죄인의 삶을 살았기 때문에 죄인의 죽음을 맞았다. 의인의 죽음을 맞기 원하는 사람은 의인의 삶을 살아야 한다. 그리스도인으로 죽기 원하는 사람은 그리스도인으로 살아야 한다. 죽음의 시간에 하늘의 대언자가 그를 위한 피난처가 되어주길 원하는 사람은 지금 그분을 피난처로 삼아야 한다.

끼리끼리 뭉치는 법

'다른' 제자들의 또 다른 특징을 알기 원하는가? 그들은 항상 자기들과 유사한 사람들에게 마음이 끌릴 것이다. 그들은 늘 자기 무리를 찾아갈 것이다. 대부분의 교회에는 자신이 제자라고 주장하면서 기도 모임에 1년에 한 번도 참석하지 않는 사람들이 있다.

얼마 전에 윌리엄 페튼길(William Pettengil) 박사가 우리를 위해 이를 설명해주었다. 그는 사도행전에 대한 설교를 하고 있었는데, "사도들이 놓이매 그 동료에게 가서"(행 4:23)라는 구절에 이르렀다. 페튼길 박사는 만일 자유롭게 갈 수 있으면 인간은 대체로 자기 동료들에게 이끌린다는 사실에 다소 강하게 접근했다. 자기가 원하는 곳에 가도록 자유를 주면 어떤 사람들은 곧 다른 낚시꾼들과 함께 낚시를 하고 있을 것이다. 다른 그룹의 사람들은 머지않아 음악홀에서 오페라를 듣고 있을 것이다. 또 다른 이들을 보내면 곧 경마장에 앉아서 말들을 보고 있는 것을 발견할 것이다.

그리스도인들도 끼리끼리 모인다. 기도 모임을 마음에 품은 사람은 기도 모임에 참석할 것이다. 우리가 그리스도인의 마음을 가졌다면 주일 아침이 아닌 때에도 그리스도인일 것이다. "나는 그리스도의 제자입니다"라고 말하지만 그리스도의 많은 말씀과 명령들을 가볍게 무시하거나 거부하는 사람들도 있다.

어떤 교사들은 '감상'이라는 핑크빛 안개 속에 예수님을 감추려 했다. 그러나 실제로 예수님을 오해하는 것을 정당화할 구실은 없다. 그분은 바이올린 현처럼 팽팽하게 선을 그으셨다.

"나와 함께 아니하는 자는 나를 반대하는 자요 나와 함께 모으지 아니하는 자는 헤치는 자니라"(마 12:30).

"그를 믿는 자는 심판을 받지 아니하는 것이요 믿지 아니하는 자는 하나님의 독생자의 이름을 믿지 아니하므로 벌써 심판을 받은 것이니라"(요 3:18).

"아들에게 순종하지 아니하는 자는 영생을 보지 못하고 도리어 하나님의 진노가 그 위에 머물러 있느니라"(요 3:36).

하나님이 인류를 심판하시는 그 중요한 날에 예수님은 "모든 민족을 그 앞에 모으고 각각 구분하기를 목자가 양과 염소를 구분하는 것같이" 하실 거라고 말씀하신다. 한 그룹은 "영벌에, 의인들은 영생에" 들어갈 것이다(마 25:32, 46). 이런 말씀들은 중간지대를 허용하지 않는다.

참 제자에게 약속된 진리

참된 제자들에게 약속된 혜택들을 생각해보라. 예수님은 "진리를 알지니 진리가 너희를 자유롭게 하리라"(요 8:32)라고 말씀하셨다. 진리에 순종하는 자 외에는 아무도 진리를 알 수 없다. 당신은 진리를 안다고 생각한다. 사람들은 성경구절을 장황하게 암송하지만, 그것이 진리를 안다는 것을 보증해주진 않는다. 진리는 성경 구절이 아니다. 물론 진리는 그 본문 안에 있지만, 진리가 인간의 영혼에 전달되려면 본문과 더불어 성령이 계셔야 한다. 사람이 본문을 외울 수는 있지만 진리는 반드시 그 본문을 통해 성령으로부터 와야 한다. 믿음은 말씀을 들음으로 오지만, 또한 믿음은 성령에 의한 하나님의 선물이다.

진리는 내적 조명에 의해 이해되어야 한다. 그때 우리는 진리를 알게 된다. 그 전까지는 진리를 알지 못한다. 그렇기 때문에 예수님이 "너희가 내 말에 거하면 - 즉 계속해서 나의 가르침들 안에 있으면 - 참으로 내 제자가 되고 진리를 알지니 진리가 너희를 자유롭게 하리라"(요 8:31,32)라고 말씀하신 것이다.

예수님의 산상설교 전체를 암송한다는 한 소년의 이야기를 선교사들을 통해 들었다. 그는 정말 빠른 시간 안에, 겉보기에 거의 힘 들이지 않고 말씀을 암송했기 때문에 어떤 사람은 그가 어떻게 했는지 알기 위해 그를 찾아갔다.

"음, 저는 한 구절을 암송한 다음 하나님께서 제가 그것을 실천할 수 있게 도와주실 거라 믿었어요. 그다음에 다음 구절을 암송하고 '주님, 제가 또한 이 말씀대로 살 수 있게 도와주세요'라고 기도했어요."

소년은 그런 식으로 산상설교 전체를 암송했다고 했다.

소년은 진리를 가지고 있었다. 그는 진리를 객관적인 것, 단지 지식처럼 머릿속에 저장해야 하는 것으로 여기지 않았다. 그에게 진리는 매우 주관적인 것이었다. 즉 행동으로 실천해야 하는 것이었다. 진리는 우리의 존재 안에서 순종과 믿음에 의해 우리에게 실제적인 것이 된다.

찰스 피니(Charles G. Finney)는 도덕적인 적용 없이 객관적 교리를 가르치는 것은 도덕적으로 잘못된 거라고 가르쳤다. 나는 성경공부 모임에 가서 하나님 말씀에 정통한 사람들의 이야기를 들어보았다. 그러나 나는 여전히 소금에 절인 생선마냥 차가웠다. 아무 도움도 안 되었고, 내 영이 활기를 띠지도 않았으며, 마음을 뜨겁게 하는 것도 없었다. 진리는 마치 유클리드 기하학의 한 명제나 피타고라스의 수학공식처럼 내게 전해졌다. 그때 나의 대답은 언제나 "그래서 뭐? 가서 탄산음료나 마시자!"였다.

우리가 사람들에게 도덕적 적용이 빠진 객관적 진리를 전해줄 수 있다는 사실을 알고 있는가? 하나님의 도덕적인 말씀이 참이라면 그것은 우리에게 의미가 있다. 그것이 우리에게 의미가 있다면 우리는 그 말씀에 순종해야 한다. 그것이 삶이다. 그것이 진리를 아는 것이다.

우리는 진리를 알 수 있을 뿐만 아니라, 그 진리가 우리를 자유롭게 한다. 우리는 그 유익을 얼마나 갈망하는가! 요한계시록에는 예수님에 대한 다음과 같은 찬가가 나온다.

"우리를 사랑하사 그의 피로 우리 죄에서 우리를 '씻기시고' 그의 아버지 하나님을 위하여 우리를 나라와 제사장으로 삼으신 그에게 영광과 능력이 세세토록 있기를 원하노라 아멘"(계 1:5,6).

여기서 '씻기시고'라는 단어에 주목하라(washed, 개역개정 성경에는 '해방하시고'로 번역되어 있다 - 역자주). 세탁소에서는 우리의 옷을 어떻게 하는가? 문명사회와의 접촉은 우리의 옷을 더럽히고, 기름투성이로 만들며, 때로는 얼룩덜룩하게 만든다. 때는 우리의 옷에 묻을 뿐만 아니라 곧 실제로 옷 안에 침투한다. 우리는 더럽혀진 옷을 턴다. 논쟁을 벌이거나 대화를 나누며, 셰익스피어의 글을 읽어주고, 애국심이나 문명의 발달에 대한 강의를 할 수 있다. 그래도 여전히 때가 묻어 있는 옷은 깨끗해지지 않는다. 여전히 더럽다. 때를 제거해야 깨끗해진다. 옷은 더러운 먼지로부터 해방되어야 한다. 그러기 위해서는 그 옷을 먼지로부터 자유롭게 해줄 과정을 거쳐야 한다.

세탁소에서는 때를 제거하는 용액에 옷을 담근다. 그다음에 헹구고, 말리고, 다림질을 해서 깨끗하고 남 앞에 내보일 만한 상태로 옷 주인에게 돌려보낸다.

우리의 죄를 벗겨줄 유일한 용액은 바로 예수 그리스도의 피다. 그분은 우리를 사랑하셨고, 그분 자신의 피로 우리를 죄에서 자유롭게, 즉 깨끗하게 해주셨다. 교육이나 교양, 다른 어떤 것도 그렇게 해주지 못했다. 그러나 예수님의 피가 그 일을 해주었고, 우리는 자유로워졌다! 예수님은 이렇게 말씀하셨다.

"진리를 알지니 진리가 너희를 자유롭게 하리라"(요 8:32).

진리가 당신을 십자가로, 어린양에게로, 보혈로 가득한 샘으로 인도할 것이며, 당신은 당신의 죄에서 자유를 얻을 것이다. 그러나 도덕적 헌신이 있어야 한다. 그것이 없으면 깨달음이 없다. 깨달음이 없으면 깨끗해질 수 없다.

당신은 하나님의 영이 계시해주시는 대로 진리에 순종하고 있는가? 예수 그리스도 안에 있는 자유의 혜택들을 누리고 있는가? 당신은 그분의 '참된' 제자인가?

* *Faith Beyond Reason*
  Christian Publications, 1990; WingSpread Publishers, 2009, 재출간.

그리스도를
영접하다

모세가 광야에서 뱀을 든 것같이 인자도 들려야 하리니

이는 그를 믿는 자마다 영생을 얻게 하려 하심이니라 요 3:14,15

인간의 삶 속에 있는 어떤 것들은 근본적으로 그리 중요하지 않기에, 우리가 그것을 갖지 못하더라도 전혀 아쉬울 것이 없다. 반면에 우리가 그저 당연시 여기고 살지만 실은 너무 중요해서 그것을 영원히 붙잡고 움켜쥐고 확보하지 않으면 돌이킬 수 없는 손실과 고통을 겪게 되는 것들이 있다. 우리 주 예수 그리스도의 공로를 통한 우리와 하나님의 관계 문제에 이를 때, 우리는 정말 생사가 걸린 중대한 영역에 이르는 것이다.

이것은 세상에 태어나는 모든 인간에게 정말 필사적으로 중요한 문제이다. 그래서 나는 내 눈을 바라보며 "제가 그리스도를 영접할지 말지 결정을 내리려 합니다"라고 말하는 사람에게 영적인 조언을 해주려 할 때면 처음엔 분개하다가, 그다음엔 슬퍼진다. 그런 사람은 자신이 일생에서 내릴 수 있는 가장 중요한 결정에 대해 말하고 있다는 사실을 전혀 알지 못하는 것 같다. 그것은 하나님과 올바른 관계를 맺고, 영원한 하나님의 아들이신 구세주를 믿으며, 제자가 되고, 예수 그리스도를 주로 증거하는 순종적인 증인이 되기로 결정하는 것이다.

길을 잃고 실패한 사람, 하나님과 멀어진 죄인이자 비참한 인간이 어떻게 떳떳하게 서서 예수 그리스도의 죽음과 부활과 하나님이 계시하신 구원 계획이 삶의 다른 결정들보다 더 중요하지 않다고 공표할 수 있겠는가?

내가 지금 말하고 있는 '그리스도를 영접하는 것'에 관한 특정한 설정은 사실 잘못된 것이다. 그것은 그리스도를 공손히 문밖에 서서 우리 인간의 판단을 기다리시는 분으로 만들기 때문이다. 우리는 예수님의 신성에 대해 알고, 그분이 우리 대신 고통 받고 돌아가신 하나님의 어린양이라는 것을 안다. 그분이 어떤 분이신지 다 안다. 그럼에도 예수님을 마치 일자리를 구하는 가난하고 소심한 사람처럼 바깥 계단에 서 계시게 한다. 우리는 그분을 바라보고 경건한 몇 구절을 더 읽은 뒤에 이렇게 묻는다.

"어떻게 생각해요? 우리가 그분을 영접해야 한다고 생각합니까? 저는 우리가 그분을 영접해야 하는지 정말 궁금해요."

이런 관점에 의하면, 우리의 불쌍한 주 예수 그리스도는 공손한 자세로 자신이 받아들여질 것인지 궁금해하며 일자리를 찾아 걸음을 옮기고 계신 것이 된다. 다른 한편에는 교만한 아담 같은 죄인이 마귀처럼 부패하고 온갖 영적인 나병과 암에 걸린 채 앉아 있다. 그러나 그는 주저하고 있다. 자신이 그리스도를 영접할 것인지 말 것인지를 판단하고 있는 것이다.

그리스도와의 만남을 미루는 것

교만한 인간은 자신이 거부하는 그리스도가 하나님의 그리스도이며, 온 세상을 손 안에 쥐고 계신 영원한 하나님의 아들임을 알고 있지 않은가? 그는 그리스도가 영원한 말씀이시며, 하늘과 땅과 그 안에 있는 만물을 창조하신 예수님임을 알지 않는가? 오래 참으며 인간의 결정을 기다리고 계신 이분은 실로 별들을 그 손 안에 두고 계신 분이다. 그분은 교회에게 구세주이자 주님이시며 만물의 머리이시다. 그분이 말씀하시면 죽은 자들이 무덤에서 나와 영원히 살게 될 것이다. 그분이 말씀하시면 불이 타올라 온 땅과 하늘을 태울 것이며 별들과 행성들이 옷처럼 타서 없어질 것이다.

그분은 강한 주님이시다! 그런데 그런 분이 서 계시며, 생기를 얻은 빨래집게 같은 우리가 (우리는 그렇게 보이며 또 실제로 그런 존재이다) 그분을 영접할지 말지를 결정하는 것이다. 얼마나 말도 안 되는 일인가? 내가 주님을 영접할 것인지 물을 것이 아니라, 하나님이 나를 받아주실 것인지 물어야 한다! 그러나 하나님은 그런 질문을 하지 않으신다. 그분은 이미 그것에 대해 걱정하거나 혼란스러워할 필요가 없다고 말씀하셨다.

"내게 오는 자는 내가 결코 내쫓지 아니하리라"(요 6:37).

주님은 불쌍한 죄인인 우리를 받아주기로 약속하셨다. 그러나 그분이 우리가 영접할 만한 분인지 판결을 내리는 동안 그분을 서 계시게 할 수 있다는 생각은 끔찍한 중상모략이다. 우리는 그것을 제거해야 한다!

이제 나는 예수 그리스도와 우리의 관계가 삶과 죽음을 좌우하는 중대한 문제라는, 우리의 처음 전제로 돌아가야 한다고 생각한다. 조금이라도 교회나 주일학교에서 가르침을 받은 보통 사람이라면 대개 두 가지를 아무 이의 없이 받아들일 것이다. 첫째는 예수 그리스도가 죄인들을 구원하기 위해 세상에 오셨다는 것이다. 명확하게 성경에 그렇게 선언되었고, 신약성경 전체에 걸쳐 결국 같은 의미를 나타내는 다양한 말들로 그렇게 선언되었다. 우리가 복음적인 교회에서 자랐다면 또한 두 번째 사실을 당연히 받아들일 것이다. 바로 우리의 업적과 공로 없이, 오직 그리스도 안에서 믿음으로 구원을 받는다는 사실이다.

내가 이 두 가지 기본적인 것들을 여기서 이야기하는 이유는 너무나 많은 사람들이 그것을 당연시하고, 또 그것을 사실로 믿으면서도 여전히 "내가 예수 그리스도와 구원 관계에 이르게 되었다는 걸 어떻게 알 수 있나?"라고 질문하기 때문이다. 우리는 그 질문에 대한 답을 발견해야 할 것이니, 이것은 생사가 걸린 중요한 문제이기 때문이다.

그리스도 예수가 죄인들을 구원하기 위해 세상에 오셨다는 것은 기록된 사실이다. 더 이상의 증거가 필요치 않다. 그것은 사실이다. 그러나 세상은 아직 구원받지 못했다! 여기 미국, 우리 동네만 해도 수천수만 명의 사람들이 여전히 구원받지 못했다. 예수님이 죄인들을 구원하기 위해 오셨다는 사실만으론 충분치 않다. 그 사실 자체는 우리를 구원할 수 없다. 어느 친구나 이웃이 우리에게 이렇게 말할지도 모른다.

"나는 평생 이 교회에 다녔어요. 세례도 받았고, 필요한 다른 교육도 다 받았어요. 난 성공의 기회를 잡을 거예요."

당신의 승산은 그렇게 크지 않다. 심지어 당신에겐 기회가 없다. 당신과 예수 그리스도의 관계가 구원의 관계가 아니라면 당신은 어떠한 길잡이나 나침반 없이 혼자 있는 것이다. 당신에겐 기회가 없다. 당신이 행하고 있는 것은 자살행위다. 그것은 전혀 기회가 아니다. 옳은 길로 가거나 아니면 죽는 것이다. 이 경우엔 옳은 길로 가거나 아니면 영원히 길을 잃는 것이다.

우리 주변에는 성경 지식이 어느 정도 있는 사람들이 많이 있다. 그들은 예수 그리스도가 죄인들을 구원하기 위해 세상에 오셨다는 사실에 대해 아무 이의가 없다고 말할 것이다. 심지어 자신의 실패와 단점들에 대해 약간 농담처럼 말할 것이다. 즉 그들은 그것을 죄라고 부르지 않을 것이다. 아마도 자신이 저기 가는 존스 씨나 스미스 부인만큼 나쁘지 않기 때문에 개인적인 결단을 내릴 필요가 없다고 핑계를 댈 것이다.

요점은 그들이 구세주가 필요한 온 세상에 대해 요한복음 3장 16절을 암송하거나 멋진 구절을 인용할 수 있을 거라는 사실이다. 그리고 특별히 감동적인 순간에 눈에 눈물의 흔적이 보일지도 모른다. 그러나 그들은 길을 잃었다. 실제로 그들은 하나님과 멀어져 있다. 그들은 자신이 회심하지 않았다는 걸 안다. 왜냐하면 그들은 모두 예수 그리스도를 주로 고백하고 철저히 회심하여 변화된 삶을 살기 시작한 사람들을 알기 때문이다.

그들 모두 그 차이를 안다. 자신들이 회심하지 않았다는 걸 알지만, 죄인이 죽을 때 처하는 운명에 대해서는 들으려 하지 않는다. 오, 그 잃어버린 자들이 걱정을 하다가 어떻게 하면 구주 예수 그리스도와 구원의 관계를 맺을 수 있는지 묻고 답을 알게 되기를 바란다!

세 가지 답

이제 평범한 그리스도인 형제, 회심한 사람이자 아마도 성경공

부반의 보조 교사에게 가서 이렇게 물어보라.

"어떻게 하면 내가 예수 그리스도와 구원의 관계를 맺게 되어, 그것이 나에게 효력이 있을 수 있나요?"

그는 아마도 세 가지 대답 중 하나를 말해주거나 아니면 세 가지 모두를 말해줄 것이다. 만일 당신이 나에게 왔다면 같은 답을 들었을 것이다. 따라서 이것은 누군가를 비판하는 것이 아니다. 단지 하나의 진술이다. 당신은 빌리 그래함에게서도 같은 대답을 들을 것이고, 자신의 삶을 예수 그리스도께 헌신한 가장 외딴 곳의 무명의 평신도에게서도 같은 대답을 들을 것이다.

첫 번째, 이것은 믿음의 문제이니, 당신은 사도행전 16장 31절 말씀처럼 하나님이 그분의 아들에 대해 하시는 말씀을 믿어야 한다.

"주 예수를 믿으라 그리하면 너와 네 집이 구원을 받으리라."

그것이 당신이 듣게 될 성경의 답이다.

두 번째로, 당신의 질문에 답하는 사람이 이렇게 덧붙일지도 모른다.

"요한복음 1장 12절에서 '영접하는 자 곧 그 이름을 믿는 자들에게는'이라고 말하듯이 또한 흔쾌히 받아들이는 마음자세가 있다."

그러므로 요한복음에서 당신은 믿는 것과 영접하는 것의 밀접한 관계를 발견한다.

그러나 오늘날 당신은 또한 세 번째 답을 듣게 될 가능성이 있는데, 그것이 우리가 여기서 고찰하고 있는 것이다. 아마 당신이 많은 그리스도인들에게 그리스도와 복된 구원의 관계를 맺는 방법을 물어본다면 이렇게 말하는 사람이 있을 것이다.

"아, 그냥 그리스도를 영접하기만 하면 됩니다!"

여기서 나는 내가 하는 어떤 일이나 당신에게 하는 말에 대해 하나님께 책임을 지우길 원치 않는다는 걸 말해두겠다. 나는 하나님과 오랫동안 대화를 나누어왔고, 하나님은 하나님이 나에게 복을 주시고 인도해주시며 나를 사용하셔서 내가 그분을 위해 쓰임 받을 수만 있다면 내가 얼마나 감사하는지 아신다. 내가 기도하고 생각하고 주님의 말씀을 전할 수만 있다면 나를 사용하실 수 있다는 것을 그분은 확실히 아신다.

내가 이 주제에 대해 하는 말들은 개인적인 기분에 따라 내뱉는 것이 아니다. 실제로 나는 2층 서재의 작은 소파 옆에 무릎을 꿇고 앉아 성경책을 펴놓고, 나의 죄를 회개하며 하나님과 대화를 나누었다.

이 모든 것이 나에게 너무도 명백하게 다가와서, 나는 몇 가지 메모를 한 후 "이것에 대해 사람들과 이야기를 해야겠다"라고 말한 것이다. 당신은 나의 친구들이며, 나는 당신에게 어쩌면 하나님이 내게 말씀하지 않으신 것들을 소개하고 있는지도 모른다. 그러나 당신은 다른 데서 개요를 잡은 설교보다 설교자가 무릎 꿇고 기도하면서 개요를 잡은 설교를 듣는 것이 더 낫다고 생각할 것이다.

바로 그것이다. 우리 시대에 인기 있는 답은 우리가 그리스도를 영접함으로써 그분을 발견하게 된다는 것이다. 내가 이야기를 마칠 때 당신은 내가 결코 비판적이지 않다는 걸 알게 될 것이다. 어쩌면 우리의 언어상 표현들이 언제나 우리 마음이 알고 있는 것을 우리에게 말해주는 것 같지는 않다.

성경에서 발견할 수 없는 이야기

내가 이것을 추적하여 '그리스도를 영접하다'라는 표현이 성경에 나와 있지 않다는 사실을 발견했을 때 그랬던 것처럼 당신도 아마 깜짝 놀랄 것이다. 그것은 신약성경에서 전혀 발견되지 않는다.

나는 스트롱 원어사전(Strong's Exhaustive Concordance)을 찾아보았다. 옛날 편집자들이 매우 오랫동안 철저하게 그 책을 만들었기 때문에 한 단어도 생략하지 않았다. 스트롱 원어사전은 '영접'이란 단어가 성경에서 '우리가 하나님 또는 예수님을 우리의 구주로 영접한다'라는 의미로 사용된 적이 없다는 것을 매우 명백하게 보여준다.

성경 어디에서도 그 표현이 사용된 것을 발견할 수 없는데 "당신은 그리스도를 영접하시겠습니까?" 또는 "그리스도를 영접하셨습니까?"라는 문구가 오늘날 전도 단체 안에서 두루 사용되는 표어가 된 것은 정말 이상해 보인다. 나는 우리의 선한 의도에 의문을 제기하려는 것이 아니다. 나도 이와 같은 표현을 여러 번 사용해왔다. 그러나 그것이 성경에 전혀 나오지 않는 표현이라는 사실을 우리는 인정해야 한다.

'영접하다'(accept)와 '영접'(acceptance)이라는 단어가 성경에서 여러 모로 사용되고 있지만, 그리스도를 믿는 것이나 구원을 받기 위해 그리스도를 받아들이는 것과는 전혀 관련이 없다. 이 문제에 있어서 내가 우려하는 것은 '쉬운 영접'이 믿음과 순종의 문제에 있어 성장을 멈춘 수많은 사람들에게 치명적인 것이 되어왔다는 것이다.

곳곳에 있는 기독교 사역자들과 설교자들, 복음전도자들의 여러 단체들이 부흥을 구하고 있다는 것은 흥미로운 사실이다. 많은 지역에서 영적 생활이 저조한 상태인 듯하고, 또 많은 경우에 사람들은 '부흥을 위한 기도'에 관한 말씀을 전하고 있다. 그러나 여기에 이상한 것이 있다. 아무도 하던 일을 멈추고 "어쩌면 우리에게 그토록 간절히 부흥이 필요한 이유는 애초에 올바로 시작하지 않았기 때문일지도 모릅니다" 같은 문제를 제기하지 않는 것 같다. 이것이 내가 "당신은 그리스도를 영접하시겠습니까? 단지 머리를 숙이고 그리스도를 영접하시면 됩니다!"라는 전도 용어를 널리 사용하는 것에 문제를 제기한 이유이다.

그리스도를 영접하는 잠깐 동안의 형식적 절차에 의해 일종의 종교적 경험을 하게 된 사람들의 수가 매우 많을 거라고 생각하나 그 수를 추정할 순 없다. 그런데 그중 정말 많은 사람들이 여전히 구원을 받지 못했다. 그들은 예수 그리스도와의 진정한 구원 관계에 들어가지 못했다. 우리는 주변에서 그 결과들을 본다. 즉 그들은 일반적으로 거듭난 신자들답게 행동하는 대신 종교적인 죄인들처럼 행동한다.

우리가 부흥의 필요성에 대해 그렇게 크게 마음이 동하는 이유가 그것이다. 또 매우 많은 사람들이 "우리에게 무슨 일이 일어난 건가요? 우리는 죽은 사람 같고, 생기가 없고, 영적인 일들에 대해 너무 무관심한 것 같습니다!"라고 묻는 이유이다.

나는 우리 가운데 너무 많은 이들이 그리스도를 영접했다고 생각했으나 그들 자신의 삶과 갈망과 습관들 속에서는 아무 일도 일어나지 않았다는 결론에 이르게 되었음을 다시 한번 말한다. 이 문제를 나와 함께 조금 더 유심히 살펴보겠는가?

이러한 영혼 구원의 철학, 즉 예수님을 영접하는 일이 세상에서 가장 쉬운 일이라는 생각은 사람들이 마음의 충동이나 감정으로 그리스도를 영접하게 한다. 그것은 우리가 두 번 침을 삼키고 그때 생기는 감정적 느낌을 지각하고는 "나는 그리스도를 영접했다"라고 말하게 한다.

모든 사람은 회심과 중생에 대한 이러한 접근법의 단점들을 보여주는 명확한 예들을 알고 있다. 소년소녀들에게 관심이 많은 어느 그리스도인 여성은 몇 백 명의 아이들이 놀고 있는 운동장으로 나간다. 그녀는 돌아와서 자신이 약 70명의 아이들을 설득하여 놀이를 멈추고 "그들 마음속에 그리스도를 영접하게" 할 수 있었다고 열성적으로 말한다.

성령의 분별력을 구하라

실제로 나는 설교자들과 평신도들이 어느 호텔 식당에 모여 있는데, 영혼 구원에 관한 주제가 제기되자 설교자 중 한 명이 "그것은 세상에서 가장 쉬운 일입니다. 제가 시범을 보여드리죠"라고 말했다는 이야기를 들었다.

웨이터가 그의 테이블로 다가오자 이 형제는 "잠시만 시간을 좀 내주시겠어요?"라고 말했다.

웨이터는 "네, 물론이죠"라고 말했다.

"당신은 그리스도인입니까?"라고 설교자가 물었다.

"아니오. 전 그리스도인이 아닙니다."

"그리스도인이 되고 싶지 않으세요?"

"글쎄요, 그것에 대해 별로 생각해본 적이 없어서요."

"그러니까 당신은 그리스도를 마음속에 영접하기만 하면 됩니다. 그분을 영접하시겠습니까?"

"그러죠 뭐."

"좋습니다. 그러면 잠시 고개를 숙이세요."

그래서 구석에 몰린 사람이 자신의 팁에 대한 생각을 주로 하고 있는 동안, 영혼 구원자는 이렇게 기도한다.

"주여, 여기에 주님을 영접하기 원하는 사람이 있습니다. 그가 지금 주님을 그의 구세주로 받아들입니다. 그에게 큰 복을 주소서. 아멘!"

웨이터는 열광적인 악수를 받고 자기 일을 하러 간다. 그리고 그는 그 방에 들어왔을 때와 조금도 달라지지 않았다.

하지만 시범을 보인 설교자는 사람들을 바라보며 이렇게 말한다.

"아주 간단합니다. 어떤 사람을 그리스도께 인도하는 일이 얼마나 쉬운지 모두 아시겠죠."

나는 우리가 이러한 문제들에 대해 정직해야 하며 성령의 분별력을 구해야 한다고 생각한다. 그 웨이터가 목사보다 더 센스가 있었기를 바란다. 그렇지 않다면 그는 저주받은 사람일 것이기 때문이다.

우리는 이런 것에 대해 틀려서는 안 된다. 그는 여전히 잃어버린 자이며 하나님과 멀리 있다는 뜻이다. 이것은 생사와 영생이 달린 문제다. 예수 그리스도와 올바른 구원 관계를 맺는 것이 어떤 사람에게 얼마나 중요한 문제인지를 생각하면 우리는 틀려서는 안 된다.

회심과 영적 거듭남, 하나님의 성령에 의해 위로부터 나는 것에 관한 한 확신과 염려와 회개의 중요성을 알면서 이런 얄팍한 방식으로 사람들을 다루려 하는 것은 대단히 잘못된 일이라고 생각한다. 그리스도의 온 교회가 일어나 이 문제에 관하여 하나님께 신선한 공기를 구하고, 우리가 사람들을 구세주께 인도하기 위해 노력함에 있어 어느 지점에 서 있는지 생각하고 분석할 용기를 달라고 구한다면 그것은 건강한 신호일 것이다.

나는 영혼을 구원하려는 누군가의 노력을 격하시키려는 것이 아니다. 단지 우리가 종종 너무 무심하고, 영혼을 구원하는 만남들을 아무 고통이 없고, 대가도 없으며, 불편함도 없는 것으로 만들기 위해 많은 속임수를 쓰고 있다고 생각한다.

우리가 이렇게 빠르고 쉬운 방법으로 다가가려는 어떤 사람들은 거의 준비가 되어 있지 않고 구원 계획에 대해 무지하므로, 우리를 처리할 수만 있다면 고개를 숙이고 부처든 조로아스터든 아버지 하나님이든 얼른 받아들이려 할 것이다.

구약성경의 예

하나님이 애굽의 노예였던 이스라엘 백성을 다루셨던 때를 돌아보자. 모세가 이스라엘 백성에게 "당신은 문설주의 피를 받아들이십니까?"라고 말했다고 하자.

그들은 "네, 물론입니다. 우리는 그 피를 받아들입니다"라고 말했을 것이다. 그때 모세는 "좋습니다. 그럼 안녕히 계세요. 나중에 봅시다"라고 말했을 것이다.

그들은 아마 애굽에 머물며 평생 노예로 살았을 것이다. 그러나 그들이 그 피를 받아들인 것은 행동의 결단이었다. 그들이 유월절 피를 받아들였다는 것은 밤새 깨어 있었다는 뜻이다. 발에 신발을 신고 손에 지팡이를 들고 준비하고 대기했고, 유월절 음식을 먹으며, 하나님이 움직이실 때를 대비하고 있었다는 뜻이다. 그래서 나팔소리가 부드럽고 뚜렷하게 울릴 때 그들은 모두 일어나 홍해로 출발했다.

그들이 믿음으로 행동하며 홍해에 이르렀을 때 하나님은 바닷물을 막으셨고 그들은 그 길로 나아가 다시 돌아오지 않았다! 그들의 영접에는 올바른 발이 달려 있었다. 그들의 영접은 하나님과 그분의 말씀에 대한 그들의 믿음을 보여주며 그것에 대해 무언가를 행할 용기를 주었다.

또한 더럽고 냄새나는 돼지 사이에 있던 탕자의 경우를 생각해보라. 당신이 그에 대해, 그의 누더기 옷과 굶주림에 대해 걱정이 되었다고 하자. 당신은 그에게 말한다.

"당신에게 전할 좋은 소식이 있습니다. 당신이 그걸 받아들인다면 당신의 아버지가 당신을 용서해줄 겁니다. 그것을 받아들이겠습니까?"

그는 몸을 따뜻하게 하려고 애쓰며 돼지들 사이에 누운 채 위를 올려다보며 대답한다.

"네, 받아들이겠습니다."

"당신 아버지의 화해와 구원의 말씀을 받아들이겠습니까?"

"네, 그럴게요!"

"좋습니다. 그럼 안녕히 계세요. 또 뵙기를 바랍니다."

당신은 그를 돼지우리에 남겨두고 떠난다. 그를 여전히 먼지와 오물 속에 남겨둔다. 그러나 누가복음 15장에서 예수님이 들려주신 이야기는 그렇게 되지 않았다.

그 사람은 돼지들과 함께 더러운 곳에 있었지만 그의 마음과 생각 속에 뭔가 변화가 일어났고 그는 속으로 이렇게 말했다.

"내가 이 더러운 곳을 벗어나려면 어떤 결정을 해야 할 거야. 일어나 내 아버지에게 가야겠다."

그다음 내용은 다 알 것이다.

"이에 일어나서 아버지께로 돌아가니라!"

기억나는가?

"이에 일어나서 아버지께로 돌아가니라!"

유대인들에게 영접은 그 순간부터 철저히 순종하는 것을 의미했다. 탕자에게 영접은 그의 영접에 따른 회개를 의미했다.

나는 '영접하다'(accpt)라는 단어가 '받다'(receive)라는 단어의 동의어에 가까워졌다는 걸 안다. 그러나 나는 예수님을 영접하는 것이 무엇을 의미하는지 말하고자 하며, 당신이 자신의 마음을 살피고 이렇게 말하길 바란다.

"나는 정말로 그리스도를 영접했는가? 나는 그리스도를 영접하는가? 나는 어쨌든 그분을 영접했는가?"

당신에게 그리스도를 영접하는 것의 정의를 알려주려 한다. 이를테면 구원의 관계 속에서 그리스도를 영접한다는 것은 그리스도의 인격에 대해 혁명적이고 완전하며 독보적인 애착을 갖는 것이다. 내가 이야기하는 것은 그리스도의 인격에 대한 애착이며, 그것은 매우 중요한 것이다. 그것은 당신이 좋아하는 사람들과 친해지는 것 이상이다. 당신이 손을 만지면 황홀해지는 멋진 사람과의 사회적 교제 이상이다. 화요일 저녁마다 유니폼을 입고 함께 소프트볼 경기를 하는 그룹과 친해지는 것 이상이다.

그런 것들이 모두 해롭지 않다는 것을 하나님은 아신다. 그러나 예수 그리스도를 영접하는 것은 당신이 좋아하는 그룹과 유대관계를 맺는 것 이상을 의미한다. 그것은 단지 피크닉이나 하이킹을 가는 것이 아니다. 우리는 교회 안에서 그런 활동들을 하며, 나도 그런 활동들을 지지한다. 하지만 그것들은 당신이 예수 그리스도를 영접하는 것만큼 중요한 것이 아니다. 당신이 예수 그리스도 안에서 찾고 있는 답은 단지 당신보다 나을 바 없는 종교적인 그룹과 친해지는 것을 의미하지 않는다.

예수 그리스도를 영접하는 것, 예수 그리스도를 당신의 삶 속으로 받아들이는 것은 그리스도의 인격에 대한 애착을 갖게 된 것을 의미한다. 그것은 삶을 역전시키고 완전히 변화시킨다는 점에서 혁명적이다. 그것은 그리스도의 인격에 대한 애착이다. 삶의 모든 영역에 영향을 미친다는 점에서 그것은 완전하다. 한 사람의 삶의 어느 영역도 제외시키지 않고, 그의 존재 전체에 영향을 미친다.

그리스도의 인격에 대한 이러한 애착은 그리스도가 단지 몇 가지 관심사 중 하나임을 의미하지 않는다. 태양이 지구의 독점적인 애착의 대상이듯이 그분이 독점적인 애착의 대상임을 의미한다. 지구가 태양의 주위를 돌듯이, 그리고 태양이 지구의 중심이자 존재의 핵심이듯이, 예수 그리스도는 의의 아들이시며, 하나님의 은혜로 그리스도인이 된다는 것은 그분의 궤도 안으로 들어가 오로지 그분을 중심으로 회전하기 시작하는 것을 뜻한다. 영적인 삶과 갈망과 헌신의 의미에서, 그것은 부분적으로가 아니라 온전히, 오로지 그분을 중심으로 회전하는 것을 뜻한다.

이것은 우리가 다른 관계들을 갖지 않는다는 의미가 아니다. 우리는 모두 복잡한 세상에서 살고 있기 때문에 여러 관계를 맺는다. 당신은 당신의 마음을 예수께 드린다. 그분은 당신의 변화된 삶의 중심이 되신다. 그러나 당신은 가정이 있는 사람일 것이다. 한 나라의 시민이다. 직업이 있고 고용인이 있다. 당연히 당신에겐 다른 관계들이 있다. 그러나 믿음으로, 은혜를 통해, 당신은 이제 당신의 구세주이신 예수 그리스도와 독점적인 관계를 형성하였다. 당신의 다른 관계들은 모두 주 예수 그리스도와의 관계에 의해 결정되고 영향을 받는다.

예수님은 그리스도인 제자도의 조건을 정하셨는데, 그것을 비판하며 "예수님의 말씀은 가혹하고 잔인하게 들린다"라고 말하는 사람들이 있었다. 예수님의 말씀은 명백했고, 우리 모두를 향해 이렇게 말씀하셨다.

"만일 네 삶에서 영원한 구세주와의 영적 관계보다 더 중요하고 더 독점적인 다른 관계들이 네게 있다면 너는 나의 제자가 아니다."

처음이자 마지막이자 모든 것

그러므로 그리스도를 영접하는 것은 그분의 거룩한 인격을 깊이 사랑하는 것, 살든지 죽든지 영원히 사랑하는 것이다. 주님이 처음이자 마지막이자 모든 것이 되셔야 한다. 다른 관계들은 모두 우리와 주님의 관계에 의해 결정되고 영향을 받는다. 조건 없이 그리스도를 영접하는 것은 그 순간부터 그분의 친구들을 당신의 친구들로 받아들이는 것이다.

만일 당신이 있는 곳에 그리스도의 친구가 아무도 없다면, 당신은 형제보다 더 가까운 한 친구 외에는 친구가 없을 것이다. 그것은 당신의 삶을 타협하지 않을 것을 의미한다. 당신의 말이나 삶의 습관들을 절대 타협하지 않을 것이다.

솔직히 하나님의 아들을 부인하고 예수님의 거룩한 이름을 더럽히는 무리와 함께 있을 때 그들에게 휩쓸리는 비겁한 사람들이 있다. 그들은 그리스도인인가? 당신은 대답해야 할 것이다.

그리스도인은 그리스도의 인격에 대해 독점적인 애착을 가짐으로써 예수님의 친구들을 자기 친구로 받아들이고 예수님의 원수들을 자기 원수로 받아들인 사람이다.

나는 오래전에 마음을 정했다. 자신을 예수 그리스도의 원수라고 선언하는 사람들은 나를 자신들의 원수로 여겨야 마땅하다. 그리고 나는 그들에게 어떠한 자비도 구하지 않는다. 만일 그들이 예수 그리스도의 친구들이라면 또한 나의 친구들이며, 나는 그들의 피부색이 어떻든, 어느 교파에 속하였든 상관하지 않는다.

주님을 영접하는 것은 그분의 길을 우리의 길로 받아들이는 것이다. 우리는 그분의 말씀과 가르침들을 우리 삶의 지침으로 받아들였다. 그리스도를 영접하는 것은 그분의 거절을 나의 거절로 받아들인다는 뜻이다. 그분을 영접할 때 나는 의도적으로 그분의 십자가를 나의 십자가로 기꺼이 받아들인다. 그분의 삶을 나의 삶으로 받아들인다. 즉 죽음에서 나와 다른 종류의 삶으로 들어간다. 그것은 내가 주님의 미래를 나의 미래로 받아들인다는 뜻이다.

나는 주님의 인격에 대한 독점적인 애착의 필요성에 대해 이야기하고 있다. 그것이 바로 그리스도를 영접하는 것의 의미이다. 만일 설교자들이 사람들에게 그리스도를 영접하고 그분을 받아들이며 그분께 순종하고 그분을 위해 산다는 것이 실제로 무엇을 의미하는지 말해준다면 회심자 수는 더 줄어들 것이나, 주님께 나아와 헌신하는 자들은 신앙을 버리고 실패하지 않을 것이다. 그들은 믿음을 지킬 것이다.

실제로 그리스도의 복음을 전하는 설교자들과 사역자들은 그들이 그리스도의 심판석 앞에 서게 될 것을 기억해야 하며, 그들이 이런 식으로 하나님의 백성을 배신한 이유를 거룩하신 구세주께 말씀드려야 할 것이다.

지금 나가서 토저가 "그리스도를 영접한다"라는 표현을 사용하지 말라고 했다고 사람들에게 말하지 말라. 나는 우리가 항상 그리스도인이 아닌 자들을 초청하여 예수께 나아오게 하고, 하나님이 구세주에 대해 말씀하시는 것을 믿게 하고, 믿음으로 주님을 그들의 삶 속에 받아들이고 주님께 순종하게 하고, 그들이 그 의미(그리스도의 인격에 대한 독점적인 애착)를 안다면 그리스도를 그들의 구세주로 영접하게 해야 한다는 것을 명확히 전하려 했다.

* *Christ the Eternal Son*
  Christian Publications, 1982; WingSpread Publishers, 2010, 재출간.

주님을 영접한
모든 이들에게

자기 땅에 오매 자기 백성이 영접하지 아니하였으나 영접하는 자

곧 그 이름을 믿는 자들에게는 하나님의 자녀가 되는 권세를

주셨으니 이는 혈통으로나 육정으로나 사람의 뜻으로

나지 아니하고 오직 하나님께로부터 난 자들이니라 요 1:11-13

일부 사람들이 급진적이라고 간주하는 영역들로 들어가지 않고
는 이런 본문을 제대로 다룰 수가 없다. 세상에는 하나님의 피
조물이지만 하나님의 자녀들은 아닌 사람들이 많이 있다는 사
실을 고려하지 않고는 그것을 다룰 수 없다. 우리가 참으로 하
나님의 아버지 되심과 인간의 형제 됨을 믿는다는 것을 인정하
지 않고는 그것을 다룰 수 없다. 나와 함께 하나님의 말씀이 이

개념들에 대해 어떻게 이야기하는지 살펴보자.

믿는 그리스도인들 중 많은 이들이 참된 리더십의 조건, 즉 예수님을 위해 세상적인 모든 것에서 등을 돌리는 것을 받아들이지 않는다는 것을 고려하지 않고는 그것을 다룰 수 없다. 예수 그리스도를 구주와 주로 받아들이는 것은 온 인격의 적극적인 행위이며 구세주를 방문 판매원 취급하는 수동적인 '영접'이 아니라는 사실을 논하지 않고는 그것을 다룰 수 없다. 또한 계속해서 종교적 활동을 영성의 정당한 증거로 받아들인다면 복음주의 기독교는 막다른 길에 이른 거라고 경고하지 않고는 그것을 다룰 수 없다.

이 본문에서 하나님은 태어나는 사람들에 대해 알려주신다. 그것은 중요한 것이다. 하나님은 태어나는 사람들에 대해 말씀하시기 위해 각별히 애를 쓰셨고, 우리는 하나님이 결코 목적 없이 어떤 일을 하시지 않는다는 것을 안다. 하나님이 하시는 모든 일은 살아 있고, 의미가 있으며, 심히 중요하다. 위대하신 전능자 하나님, 온 세상을 손 안에 쥐고 계신 분, 하늘에 빛나는 태양을 두시고 밤하늘의 구석까지 별들을 던져놓으신 하나님이 왜 성경의 중요한 부분을 할애하여 태어나는 사람들에 대해 말씀하셔야 하는가?

우리는 여기서 고려해야 할 것들이 많다. 왜냐하면 일반적으로 우리는 인간의 탄생을 매우 평범한 일로 여기기 때문이다. 매일매일 이 세상에 많은 아기들이 태어나고 있기에, 그것은 특별한 일이 아니다. 물론 부모와 몇몇 가까운 친척들이나 친구들에게는 아주 큰일이지만! 그러나 이 세상에 들어오는 유일한 방법은 태어나는 것이다. 햇살을 타고 내려오거나 황새의 날개에 실려 온다는 이야기는 사실이 아니다. 우리는 모두 적어도 한번은 태어났다.

우리 주 예수 그리스도는 세상에 살았던 가장 현실적인 선생 중 한 명이었고, 이 성경 말씀은 '육신으로 난' 사람들, '육정'과 '사람의 뜻'으로 난 사람들에 대해 말하고 있다. 즉 사회적으로 용인된 혼인예식과 모든 탄생의 배후에 있는 생물학적 본능에 의해 태어난 사람들이다. 그것이 우리가 태어나는 삶의 차원이다.

어떤 사람이 태어나는 데는 특별히 주목할 만한 것이 없다. 그러나 하나님은 여기서 사도에게 그것에 대해 이야기하라고 촉구하신다. 하나님은 거룩한 영감에 의해 그것을 그분의 책에 기록하셨고, 거의 2천 년 동안 피와 눈물과 수고와 기도의 큰 대가를 지불하여 그것을 보존하셨다. 하나님은 번역가들을 통해 익숙한 언어로 그것을 우리에게 전달해주신다. 그것은 어떤 사람들이 태어난다는 메시지인데, 그것이 의미가 있고 평범하지 않은 이유는 이 신비로운 탄생의 등장이 우리가 아는 육체적 탄생과 아무 관련이 없기 때문이다.

요한은 그것이 다른 차원의 탄생임을 명백히 이야기한다. 즉 그것은 혈통의 차원이 아니다. 그는 그것이 피나 뼈나 조직과는 아무 상관이 없는 탄생이라고 말한다. 그 탄생의 배후에는 육신의 욕구나 결혼이라 부르는 사회적 합의가 있지 않다.

하나님이 행하신 일

요한이 말하는 이 보이지 않는 탄생은 하나님의 행위이다. 요한은 우리가 아는 육체적 탄생을 초월하는 어떤 것에 대해 말하고 있다. 감각은 육체적 탄생을 접할 수 있다. 우리가 이 세상에 태어났을 때 우리 주변의 이들은 우리를 보고 느끼며 안고 무게를 잴 수 있었다. 우리를 씻기고 입히고 먹일 수 있었다. 그러나 요한이 말하는 이 보이지 않는, 신비로운 탄생은 육체와 아무 관련이 없다. 그것은 하늘에 속한 것이다. 이 탄생은 성령에 의한 것으로, 다른 종류의 탄생, 신비로운 탄생이다.

어떤 사람들은 설교자가 신비라는 단어를 사용하면 매우 동요한다. 그들은 즉시 그 설교자를 쫓아내고 그들만큼 그 단어를 두려워하는 설교자로 대체하려 한다. 나는 신비라는 단어를 두려워하지 않는다. 왜냐하면 모든 성경은 신비로운 책, 신비의 책, 경이로운 책이기 때문이다. 나는 우리가 어떤 간단한 현상이라도 근원을 거슬러 올라가 보면 머지않아 신비와 어둠에 직면한다는 것을 발견했다. 영적인 차원에서는 훨씬 더 그렇다.

사도가 말하는 사람들은 신비로운 탄생을 경험했다. 그것은 누구나 아는 육체적 의미의 탄생과는 완전히 다른 영적 탄생이다. 만일 주 예수께서 단지 사람들이 육체적으로 세상에 태어나는 것에 대해서만 말씀하셨다면 사람들은 그분의 말씀을 듣지 않았을 것이고 그분의 가르침은 글로 보존되지 않았을 것이다. 육체적 탄생은 너무나 일반적인 일이다. 즉 모든 사람이 태어난다. 하지만 이 사람들은 육체가 아니라 마음의 탄생을 경험했다. 그들은 시간 속으로 태어난 것이 아니라 영원 속으로 태어났다. 그들은 세상에서 태어난 것이 아니라 하늘에서 태어났다.

그들은 내적인 탄생, 영적 탄생, 신비로운 탄생, 초자연적인 탄생을 경험한 것이다!

하나님의 특별한 승인

이 보이지 않는 탄생은 또한 하나님의 특별한 승인이다. 어떤 의미에선 통치자 하나님이 만물을 다스리심을 뜻한다는 걸 안다. 나는 세상 모든 곳에 태어나는 아이는 하나님이 그분의 피조물로 여기신다고 생각하고 싶다. 어느 철학자는 불법적인 부모가 존재할 뿐 불법적인 아이들, 즉 사생아는 존재하지 않는다고 말했다. 이런 의미에서 정식 결혼 절차 없이 태어나는 아이들도 하나님의 피조물로서 전능하신 하나님의 소유이다. 그러나 그것은 자연적 차원이고, 우리 주님이 니고데모에게 "거듭나야 하겠다"(요 3:7)라고 하실 때 말씀하신 것은 그것이 아니다.

이 다른 탄생, 즉 신비로운 영적 탄생은 특별한 승인에 의한 것이었다. 그것은 첫 번째 탄생과 완전히 다른 것이자 더 우월한 것이었다. 이 새로운 탄생은 특별한 권리를 주는 것이다. 그것은 하나님의 집안에 태어나 하나님 아버지의 자녀가 될 권리이다.

내가 앞에서 하나님의 아버지 되심을 믿는 것에 대해 말할 때 하나님이 모든 믿는 자들의 아버지라는 사실을 언급했다. 하나님은 아버지이시며, 하늘과 땅의 온 가족은 하나님으로부터 온 이름을 갖게 된다. 그러나 하나님은 죄인의 아버지가 아니시다. 나는 바보같이 하나님의 아버지 되심을 온 인류에게 적용하지 않는다. 하나님은 살인자들과 부도덕한 자들의 아버지가 아니시기 때문이다. 하나님은 믿는 자들의 아버지이시다. 나는 자유주의자와 근대주의자가 나를 곤란한 입장에 처하게 하고 하나님의 아버지 되심을 부인하게 만들도록 하지 않을 것이다.

뿐만 아니라 나는 인간의 형제 됨을 믿는다. 하나님은 지구상에 거하는 모든 사람들을 한 혈통으로 만드셨다. 세상에 태어나는 모든 사람은 같은 혈통으로 태어난다. 우리의 피부는 다를 수 있다. 어떤 사람은 금발머리를, 어떤 사람은 검은 머리를 가질 것이며, 어떤 사람은 곱슬머리를, 어떤 사람은 직모를 갖고 태어날 것이다. 외모는 서로 매우 다를 수 있으나, 그럼에도 거대한 인류의 형제애가 있다. 우리는 모두 아담의 후손들이며, 아담의 치명적인 죄가 세상에 죽음과 모든 죄의 산물들을 가져왔다.

그러나 그 형제애 안에 또 다른 형제애가 있다. 그것은 하나님의 성도들 간의 형제애다. 광범위한 인류의 형제애가 존재한다는 사실이 곧 모든 사람이 구원받는다는 것을 의미하지는 않기 때문이다. 그렇지 않다. 그들이 구원받은 후, 즉 거듭난 후에야 비로소 구속받은 자들과 형제지간이 되는 것이다.

바로 여기서 자유주의자와 근대주의자들이 잘못을 범한다. 그들은 인류가 형제지간이기 때문에 우리는 모두 한 아버지의 자녀들이며, 따라서 우리 모두 구원을 받는다고 주장한다. 그것은 말이 안 된다. 그것은 비성경적이며 사실이 아니다!

나는 모든 사람을, 즉 그리스도인과 비그리스도인, 종교인과 비종교인, 구원받은 사람과 잃어버린 사람, 믿는 자와 의심하는 자를 모두 같은 수준으로 축소시키려 하는 자유주의자에게 동의하지 않는다. 나는 처음 탄생으로 생기는 인류의 형제애가 있고 또 두 번째 탄생을 통해 오는 또 다른 형제애가 있다고 믿는다. 하나님의 은혜로, 나는 구속받은 자들의 성스럽고 신비로운 형제애 안에, 구세주의 상한 몸과 흘리신 보혈을 중심으로 모인 성도들의 교제 안에 거하길 원한다!

그러므로 그것은 신비로운 탄생이며, 우리에게 특별한 영광을 준다.

"영접하는 자 곧 그 이름을 믿는 자들에게는 하나님의 자녀가 되는 권세를 주셨으니"(요 1:12).

그것은 선물이다. 하나님은 우리에게 하나님의 자녀가 되는 특권, 법적 권리를 주신다. 이것이 바로 한 사람이 하나님나라에 태어난다는 것의 의미이다. 성경은 실제로 하나님이 우리에게 태어나는 특권을 주셨다고 말하며, 이것은 단지 시적 표현이 아니다. 때때로 우리는 시적인 문구를 사용하며, 누군가 그것을 편집하고 그로부터 공기와 물을 빼내며 진리의 기원을 찾아가야만 그것의 의미를 발견한다. 그러나 이것은 시가 아니다. 이것은 신학이다! "하나님의 자녀가 되는 권세를 주셨다."

이 탄생은 뉴스거리가 된다

너무도 놀라운 말씀에 비추어 볼 때, 우리는 새롭게 태어난 이 사람들이 왜 새로운 것을 받을 자격이 있었는지, 그들이 단지 육신을 따라서가 아니라 특별한 방법으로 태어났다는 것을 왜 전능하신 하나님이 그분의 책에 기록하셨는지 이해할 수 있다. 이들은 특권을 받은 자들이었다. 그들은 다른 사람들에게는 없는 권리를 부여받았다. 곧 하나님의 자녀가 될 권리이다. 따라서 하나님의 피조물인 사람이 오직 특별한 혜택 또는 전능하신 하나님의 승인에 의해 거듭날 때에 비로소 하나님의 자녀가 되는 것은 명백한 사실이다.

이것이 천사들도 갖지 못한 권리이자 특권이라는 것에 우리는 관심을 두어야 한다. 실제로 기독교 신자들이 더 이상 큰 날개를 가진 하늘의 천사들 앞에서 경의를 표하고 싶지 않게 될 때가 오고 있다. 성경은 예수님이 모든 사람을 위해 죽음을 맛보시도록 하나님이 예수님을 천사들보다 조금 더 못하게 만드셨다고 말한다. 그러나 본래 예수님은 천사들보다 못한 분이 아니셨다. 사실 하나님은 예수님에 대해 "하나님의 모든 천사들은 그에게 경배할지어다"라고 하셨다(히 1:6).

우리를 향한 약속은 이것이다. 예수님이 어떠한 분이시든 우리도 그렇게 될 것이다. 물론 신성을 의미하는 것이 아니라, 모든 권리와 특권에 있어서 그렇다는 것이다. 우리는 예수님과 같아질 것이니, 이는 우리가 있는 그대로 그분을 보게 될 것이기 때문이다. 그날에 경의를 표하거나 절을 해야 한다면, 그것은 천사들이 해야 할 것이다. 지극히 높으신 하나님의 자녀들은 예수님과 같이 되는 거룩한 승인을 받기 때문이다.

왜 우리는 실제로 그것을 믿지 않는가? 우리는 그것을 반도 믿지 않는다! 그렇지 않다면 그 위대한 날을 준비하며 그와 같이 행동하기 시작할 것이다. 우리가 하나님의 자녀가 되는 특별한 권한을 받았다고 믿는다면 왜 하나님의 자녀답게 행동하지 않는지 나는 이해할 수 없다. 우리는 천국의 자녀들이 세상의 아들들처럼 행동하고, 세상과 육신의 자녀들처럼 행동하고, 아담처럼 살면서 자신은 하나님의 성령에 의한 거듭남을 믿는다고 말하는 것을 볼 때 마음 아파해야 한다.

어떻게 그 특권을 누릴까

그렇다면 이 사람들은 어떻게 그 특권을 받았을까? 그들은 믿었고, 받아들였다. 나는 믿음 부분은 그냥 넘어가려 한다. 많은 경우에 우리는 '믿음'으로 막다른 골목에 들어갔기 때문이다. '믿음'으로 돌아다니는 많은 사람들이 실제로 많은 것을 얻지 못한다. 하지만 이 거듭난 사람들, 신비로운 탄생으로 태어난 사람들은 냉소적이거나 의심하거나 비관하는 자들이 아니었다는 점에서 믿었다. 그들은 그들의 주님이요 구세주이신 예수 그리스도를 향해 낙관적이고, 겸손하고, 신뢰하는 태도를 취했다. 그들은 주님을 영접하였고, "영접하는 자 … 에게는 … 권세를 주셨다"(요 1:12).

'영접하다'(received, 받아들이다)라는 단어가 수동적이지 않다는 점을 주목하라. 내가 그 행동을 받는 입장일 때는 수동적이고, 직접 행할 때는 능동적이다. 우리는 우리 시대에 수동성의 종교에 이르렀다. 하나님을 향해, 모든 사람은 수동적이다. 그래서 우리는 그리스도를 '받아들이며', 그것을 수동적인 것으로 만든다!

그러나 성경은 수동적인 영접에 대해 아는 바가 하나도 없다. '받아들이다'라는 단어는 수동적인 것이 아니라 적극적인 것이다. 우리는 '받다'(receive)라는 단어를 '영접하다'(accept)로 만든다. 모든 사람이 이렇게 묻는다.

"당신은 예수님을 영접하시겠습니까? 지금 그분을 영접하시겠습니까?"

이것은 예수 그리스도를 판매원 취급하는 것이다. 마치 예수님이 온순하게 서서, 우리가 그분을 애용할지 안 할지 알기 위해 기다리고 계신 것처럼 말이다. 그분이 제공하는 것은 우리에게 절실히 필요한 것이나, 그럼에도 우리는 통치자처럼 우리가 그분을 받아들일지 말지를 결정하고 있다.

거듭 말하지만, 수동적인 영접은 성경에서 찾아볼 수 없는 개념이다. 거룩한 성경 안에는 그것의 흔적도 없다. 나는 다른 사람들의 말을 앵무새처럼 따라하는 사람들에게 무엇을 믿어야 하는지 듣는 것이 지겹다. 몇몇 사역자들을 횃대에 올려두면 똑같은 목소리톤으로 "폴리는 과자를 먹고 싶어요! 안녕하세요!"라고 말할 것 같다. 누군가 그들의 책과 잡지와 노래에 담긴 내용에 이의를 제기하면, 그들은 종교적인 거드름을 피우며 그 사람이 급진적이거나 모더니즘의 영향을 받았다고 선언할 것이다.

우리는 수동적인 영접이 믿음과 같은 것이라고 배워왔다. 사실은 그렇지 않은데 말이다. 헬라어에서 영접을 의미하는 단어는 수동적인 것이 아니라 적극적이다. 현대적인 번역을 찾아보면 '잡다, 맞아들이다'(take)라는 의미를 전달하려 하는 것을 발견할 것이다. 어느 훌륭한 번역본은 "그를 맞아들인 사람들에게는 하나님의 자녀가 되는 특권을 주셨다"라고 표현한다.

온 인격의 적극적인 행위

'받아들이다' 대신 '맞아들이다'라고 하자. 당신이 평신도든 사역자든, 선교사든 학생이든 이것을 주목하라. 그리스도를 영접하는 것은 온 인격의 행위이다. 그것은 마음과 의지와 애정의 행위이다. 따라서 온 인격의 행위일 뿐만 아니라 온 인격의 적극적 행위이다.

그 사상을 이 본문에 적용하면, 성령은 하나님의 자녀들에 대해 이렇게 말씀하고 계신다.

"온 인격으로 그분을 적극적으로 받아들이는 자들에게는…."

그들이 가만히 앉아서 조용히 받아들일 거라고 추론할 순 없다. 그들 존재의 모든 부분이 예수 그리스도를 향해 뻗는 손이 되었다. 그들은 자신의 온 의지와 애정과 감정과 지성으로 예수님을 구주와 주로 맞아들였다. 그래서 헬라어로는 '그분을 적극적으로 맞아들인 자들에게는'이라고 말하는 것이다.

복음주의 기독교는 숨을 헐떡인다. 우리는 눈물과 기도와 믿음에 대해 노래하는 것이 유행하는 시대에 이르렀다. 거의 어디에서나, 심지어 육체와 마귀에게 헌신하는 세속적인 프로그램 한가운데서도 종교적인 문구들이 언급되는 것을 들을 수 있다. 은화로 된 두 눈을 가진 맘몬이 맨 위에 앉아서 상품의 품질에 대해 거짓말을 하며, 벽돌 쌓는 일을 해야 하는 배우들을 칭찬하고 있다. 그 가운데, 스튜디오에서 종교적인 말을 하도록 훈련받은 사람이 번지르르한 목소리로 말할 것이다.

"자, 이제 한 주간을 위한 찬송을 부릅시다!"

그러면 사람들이 모여들고 밴드가 화려한 음악을 연주하며 마귀가 듣고 얼굴을 붉혀야 할 노래를 부른다. 그들은 그것을 종교라 부르며, 나는 그것을 종교로 인정할 것이다. 그것은 기독교가 아니고, 성령이 아니다. 그것은 신약성경이 아니고 구속이 아니다. 단지 종교를 이용하는 것이다.

그러나 나는 여전히 몇 백 명이 아닌 몇 천 명에게 자신의 말을 전할 수 있는 사람, 많은 기름 부음과 지성과 능력과 통찰을 가진 사람이 나타난다면, 우리가 막다른 길에 다다른 복음주의 기독교를 구해낼 수 있다고 믿는다. 나는 당신에게 경고한다. 잠시라도 많은 무리, 시끌벅적한 종교 활동, 밀려드는 종교적 사상에 속아 거기에 많은 영성이 있다고 착각하지 말라. 절대 그렇지 않다.

여기서 '영접하다'라는 단어의 의미가 매우 중요한 이유가 그것이다. '그분을 영접하는 자'는 곧 적극적으로 그분을 맞아들이는 자들이다. 이것은 단호한 의지의 활동을 의미한다. 주님이 제시하시는 어떤 조건도 거부하지 않는 것을 의미한다. 그것은 우리가 듣고 있는 말과 아주 다른 것이다. 그들은 주님께 나아와 타협을 하려 하지 않았고, 다만 주님께 나아와 적극적으로 그분의 방식대로 그분을 받아들였다.

하나님의 조건들을 충족시키기

하나님의 자녀, 그리스도를 믿는 자는 자신의 친척과 친구들을 버리더라도 주님이 제시하시는 조건을 충족시킬 것이다.

"당신은 점점 더 급진적으로 가는군요"라고 항의할 것이다. 그럴지도 모른다. 하지만 "무릇 내게 오는 자가 자기 부모와 처자와 형제와 자매와 더욱이 자기 목숨까지 미워하지 아니하면 능히 내 제자가 되지 못하고"(눅 14:26)라는 예수님의 말씀을 읽어보았는가? 예수님은 우리에게 우리 구주 예수님에 대한 사랑을 아내나 남편이나 자녀들에 대한 사랑보다 더 우선시하라고 하신다. 그렇지 않으면 주께서 우리를 취하지 않으실 것이다. 그것이 이 주제에 관한 예수님의 가르침의 요약이다.

"그건 잔인합니다. 정말 끔찍할 만큼 잔인해요"라고 당신은 반대할 것이다. 살아 계신 하나님이 우리의 사랑과 충성을 요구하시는데, 우리가 그 요구를 잔인하다고 하는가? 사실은 지옥불이 너무나 뜨겁기 때문에 하나님은 여전히 우리를 일깨워 행동하게 만들기 위해 할 수 있는 모든 일을 다 하고 계신다. 롯이 자신의 경건치 못한 가족을 버리고 홀로 소돔을 떠났다면 의롭다는 인정을 받을 수 있었다.

확실히 하자. 예수 그리스도는 단지 우리 옷에 장식품이나 부케를 달아주시듯이 구원을 주시지 않는다. 그분은 명백하게 "너희는 낡은 옷을 다 벗어라! 내가 나의 의의 깨끗하고 좋은 옷을 네게 입혀주겠다. 그것이 금전적 손해를 의미한다면 손해를 보아라! 직장을 잃는 것을 의미한다면 잃어버려라! 박해를 의미한다면 박해를 받아라! 그것이 반대의 강풍을 가져온다면 머리를 숙이고 그 바람을 맞아라. 나를 위해서!"라고 말씀하신다.

예수 그리스도를 주로 영접하는 것은 수동적이고 부드러운 것, 또는 이해하기 쉽게 만들어진 신앙이 아니다. 그것은 질긴 고기다! 그것이 너무나 질긴 고기이기 때문에 하나님은 지금 우리에게 모든 것을 그분께 내어드리라고 하시는 것이다.

* *Faith Beyond Reason*

순종은
선택이 아니다

너희가 순종하는 자식처럼 전에 알지 못할 때에

따르던 너희 사욕을 본받지 말고 벧전 1:14

성경은 예수 그리스도의 인격과 하나님이 예수께 주신 중요한 직분들이 인간의 기분에 따라 나뉘거나 무시될 수 있다고 가르치지 않는다. 솔직히 나는 복음주의 기독교 단체들에 주목할 만한 이단이 들어왔다는 생각이 든다. 즉, 인간이 구세주로서 예수님을 필요로 하기 때문에 그리스도를 영접하기로 선택할 수 있고, 우리가 원하는 만큼만 예수님을 주님으로 모실 수 있으며, 순종하는 것을 미룰 권리도 있다는 개념이 널리 받아들여지고 있다!

이런 개념은 실제로 성경이 그리스도인의 제자도와 순종에 대해 말하는 바를 잘못 이해함으로 생겨났으며, 이제는 거의 모든 복음적 문헌에서 발견된다. 나도 그 모든 문제에 대해 진지하게 기도하고 부지런히 연구하고 고민하며 묵상하기 전에 그것을 설교하는 사람 중 하나였음을 고백한다.

다음 글에는 내가 신앙생활 초기에 배운 것들이 잘 표현되어 있다. 이를 보면 우리가 오류에 빠지지 않기 위해서는 확실히 많은 수정과 검증자들이 필요하다고 여겨진다.

"우리는 그리스도를 우리의 구세주로 영접함으로써 구원을 받는다. 또한 우리는 그리스도를 우리 주로 영접함으로써 성화된다. 우리는 두 번째를 행하지 않고 첫 번째만 해도 된다!"

사실 순종과 분리된 구원은 성경에 나와 있지 않다. 베드로는 우리가 "하나님 아버지의 미리 아심을 따라 성령이 거룩하게 하심으로 순종함과 예수 그리스도의 피 뿌림을 얻기 위하여 택하심을 받은 자들"임을 명백히 밝힌다(벧전 1:2). 우리 시대에 다음과 같이 복음을 받아들이도록 호소하는 말을 자주 듣게 되는 것은 참으로 비극이다.

"예수께 오세요! 당신은 누구에게 순종할 필요가 없습니다. 아무것도 바꾸지 않아도 됩니다. 아무것도 포기하거나, 바꾸거나, 굴복하거나, 되돌릴 필요가 없습니다. 그저 주님께 나아와 그분을 구세주로 믿으세요!"

그래서 그들은 나아와 구세주를 믿는다. 나중에 어떤 집회나 컨퍼런스에서 그들은 다른 호소를 들을 것이다.

"이제 그리스도를 구주로 영접하셨으면, 그분을 어떻게 주님으로 모시기 원합니까?"

어디서나 들을 수 있다고 해서 그것이 옳은 말이 되는 것은 아니다. 사람들에게 분리된 그리스도를 믿으라고 권고하는 것은 나쁜 가르침이다. 누구도 그리스도를 절반만, 3분의 1, 또는 4분의 1만 받아들일 수는 없기 때문이다! 우리는 어떤 직분이나 사역을 믿음으로 구원받지 못한다.

심지어 어느 사역자들이 이렇게 말하는 것도 들었다.

"와서 이미 완성된 사역을 믿으세요."

그 사역은 당신을 구원해주지 않을 것이다. 성경은 우리에게 어떤 직분이나 사역을 믿으라고 말하지 않으며, 그 사역을 완수하시고 그러한 직분을 갖고 계신 분, 주 예수 그리스도 그분을 믿으라고 말한다.

성경이 가르치는 순종

이제 베드로가 그 시대에 흩어져서 박해를 당하던 그리스도인들 사이에서 순종을 강조했던 것에 주목하라. 베드로가 그의 동료 그리스도인들을 '순종하는 자식'(벧전 1:14)이라고 말한 것이 내게는 가장 중요해 보인다. 그는 그들에게 순종하라는 명령이나 권고를 하지 않았다. 사실상 그는 "너희가 믿는 자들이라면 또한 순종하는 자들일 것이다. 그렇다면 이제 순종하는 자식처럼 이러이러하게 행하여라"라고 말한 것이다.

나는 성경이 전체에 걸쳐 순종을 가르치고 있으며, 참된 순종은 그리스도인의 삶에서 가장 힘든 요구조건 중 하나라는 점을 지적하려 한다. 순종을 떠나서는 구원이 있을 수 없다. 왜냐하면 순종 없는 구원은 자기 모순적인 불가능이기 때문이다.

죄의 본질은 하나님의 권위에 반항하는 것이다. 하나님은 아담과 하와에게 "선악을 알게 하는 나무의 열매는 먹지 말라 네가 먹는 날에는 반드시 죽으리라"(창 2:17)라고 말씀하셨다. 여기에 선택과 의지의 힘을 가진 자들에게 순종을 요구하시는 하나님의 요구조건이 있었다. 강한 금지령에도 불구하고, 아담과 하와는 그들의 손을 뻗어 열매를 따먹었고, 그렇게 불순종하고 반항함으로써 죄를 범하게 되었다.

바울은 로마서에서 '한 사람이 순종하지 아니함'(롬 5:19)에 대해 매우 명백하고 직접적으로 말한다. 이것은 사도를 통한 성령의 엄중한 말씀이다. 즉 한 사람의 불순종으로 인류의 몰락이 왔다는 것이다!

요한복음은 아주 명백하게, 죄가 불법이고 하나님의 법에 불순종하는 것이라고 말한다. 에베소서에서 죄인들에 대한 바울의 묘사는 세상 사람들이 '불순종의 아들들'(엡 2:2)이라는 결론에

도달한다. 바울은 분명 불순종이 그들의 특징이고, 그들을 좌우하며 강한 영향을 끼치고 있다는 뜻으로 말한 것이다. 불순종은 그들 본성의 일부가 되었다. 이 모든 것은 인류 앞에 있는 중요하고 지속적인 질문의 배경을 제공해준다. 바로 "누가 대장인가?" 하는 질문이다. 이것은 세 가지 질문으로 나누어진다.

"나는 누구에게 속하였는가?"

"나는 누구에게 충성해야 하는가?"

"누가 나에게 순종을 요구할 권한을 갖고 있는가?"

지금 나는 세상 모든 사람들 중에서 미국인들이 누구에게, 또는 어떤 것에 순종하기가 가장 어려운 시기에 있다고 생각한다. 미국인들은 자유의 아들들이어야 했다. 우리 자신은 반란의 노출이었다. 우리는 혁명을 낳았고, 보스턴 항구에서 차를 모조리 바다로 부어버린 사람들이다. 우리는 "보스턴 코먼(Boston Commons)에서 불어오는 모든 바람을 타고 무력 충돌의 소리가 들려온다"라고 말했다. 그리고 마침내 "나에게 자유가 아니면 죽음을 달라!"라고 말했다. 그것이 미국인의 혈통 안에 있다. 그래서 누가 "당신은 순종해야 합니다"라고 말하면 우리는 즉시 발끈한다! 사실 우리는 누구에게 순종해야 한다는 생각을 순순히 받아들이지 않는다. 같은 의미에서, 이 세상 사람들은 "나는 누구에게 속하였는가?"와 "나는 누구에게 순종해야 하는가?"라는 질문에 빠르고 즉각적으로 대답한다. 그 대답은 이것이다.

"나는 나 자신에게 속하였다. 누구에게도 나의 순종을 요구할 권한은 없다!"

우리의 충성이 향하는 곳

우리 세대는 이것을 매우 중요시하며, 우리는 그것을 '개인주의'라고 부른다. 우리의 개성을 근거로, 자기 결정의 권한을 주장한다. 비행기 안에서는 조종석에 앉은 조종사가 어디로 갈지를 결정한다. 그는 도착지를 결정해야 한다. 하나님이 인간을 단순한 기계로 만드셨다면, 우리에게는 자기 결정 능력이 없었을 것이다. 그러나 하나님은 우리를 그분의 형상으로 만드시고, 우리를 도덕적인 피조물로 만드셨기 때문에 우리에게 자기 결정 능력을 주셨다.

시인 테니슨(Tennyson)은 이에 대해 생각했던 것이 틀림없다. 그의 시 〈인 메모리엄〉(In Memoriam)에 이렇게 썼기 때문이다.

"우리의 의지는 우리의 것이지만, 우리는 그 까닭을 모른다. 우리의 의지가 우리의 것임은 그것을 당신의 것으로 만들기 위함이다."

인간의 자유의지가 지닌 이 신비는 우리가 이해하기에 너무크다! 테니슨은 "우리는 그 까닭을 모른다"라고 말했다. 그러나 곧이어 정신을 바짝 차리고 "우리의 의지가 우리의 것임은 그것을 당신의 것으로 만들기 위함이다"라고 말한다. 그것은 우리가 우리의 의지를 하나님의 의지로 만들고, 하나님의 의지를 우리의 의지로 만들기 위해 갖고 있는 유일한 권리이다!

우리는 하나님이 어떠한 분이신지, 우리가 어떤 존재인지를 기억해야 한다. 하나님은 통치자이시고 우리는 피조물이다. 그분은 창조주이시므로 우리에게 순종의 의무를 명할 권리가 있으시다. 나는 그것을 행복한 의무라고 하겠다. 주님이 "내 멍에는 쉽고 내 짐은 가벼움이라"(마 11:30)라고 말씀하셨기 때문이다.

구세주이자 주이신 예수님

여기서 나는 그리스도에 대한 인간의 잘못된 주장을 다시 언급하고자 한다. 이것은 이제 설교에서 너무 흔하게 듣는 것이라, 그것에 반대하거나 이의를 제기하는 것은 당신이 위험을 자초하고 있다는 뜻이다.

그러나 어떻게 우리 주 예수 그리스도가 우리의 주가 아닌 상태에서 우리의 구세주가 되실 수 있다고 주장하고 가르칠 수 있단 말인가? 어떻게 우리는 우리를 통치하시는 주님께 순종할 생각이 없이 구원을 받을 수 있다고 계속해서 가르칠 수 있는가?

나는 사람이 예수 그리스도를 믿을 때 조금도 미루지 말고 주 예수 그리스도의 전부를 믿어야 한다고 확신한다! 예수님을 일종의 거룩한 간호사로, 즉 죄가 우리를 병들게 할 때 찾아갈 수 있는 분으로 여기고, 그분께 도움을 받은 후에는 바로 '작별'을 고하고 우리의 길을 가는 것은 잘못이라고 믿는다.

내가 슬쩍 병원에 들어가 직원에게 수혈을 받아야 한다거나 엑스레이를 찍어야 한다고 말한다고 하자. *그들의* 도움과 서비스를 받은 후에 그저 쾌활하게 "안녕히 계세요"라고 인사만 하고 병원을 슬쩍 빠져나오겠는가? 마치 그들에게 아무 신세진 것이 없고 내가 필요할 때 그들이 나를 도와준 것이 당연한 것처럼? 터무니없는 소리로 들리지 않는가? 그러나 이는 예수님을 통치자이자 주님으로 모시지 않고, 그분께 순종과 충성을 드리지 않으면서 자기가 필요할 때 그분을 구세주로 이용할 수 있다고 가르침을 받은 사람들을 아주 잘 묘사해준다.

성경은 절대로 우리에게 그러한 구원의 개념을 심어주지 않는다. 어디에서도 우리가 예수님을 구세주로 이용할 수 있고, 이제 그분을 우리 주로 모실 수 있다고 믿도록 인도하지 않는다. 그분은 주님이시며, 주님으로서 우리를 구원하신다. 그분은 구세주와 그리스도와 대제사장과 지혜와 의와 성화와 구속의 모든 직분을 갖고 계시기 때문이다! 그분은 이 모든 것이시며, 이 모든 것이 주 그리스도이신 그분 안에서 나타난다.

우리는 약삭빠르고 교묘한 수완가들처럼 "우리는 이것은 받아들이지만, 저것은 받아들이지 않을 것이다!"라고 말하면서 예수 그리스도께 나아올 수 없다. 우리는 자기 집의 가구를 사는 사람처럼 "전 이 테이블만 사고, 저 의자는 사지 않을래요"라고 선언하며 그분께 나아가지 않는다. 그것은 나눌 수 없다! 그리스도를 전부 받아들이지 않으면 아예 받아들이지 않는 것이다!

나는 우리가 다시 세상에 온전하신 그리스도를 전해야 한다고 믿는다. 즉 우리의 사과를 필요로 하지 않으시는 그리스도, 분리되지 않으실 그리스도, 만물의 주가 아니면 주님이 아니신 그리스도 말이다!

자신을 주장하는 반역자들

참된 구원은 창조주와 피조물의 관계를 회복시켜준다는 사실에 동의하는 것이 중요하다고 생각한다. 그것은 우리의 교제와 교감에 대한 하나님의 권리를 인정하기 때문이다. 알다시피, 이 시대는 죄인의 상태에 대한 심리학을 지나치게 강조한다. 우리는 죄인의 비통함, 죄인의 슬픔과 그가 짊어진 무거운 짐을 묘사하는 데 많은 시간을 보낸다. 그는 이 모든 것을 갖고 있다.

그러나 우리는 그것을 지나치게 강조하다가 급기야 중요한 사실을 잊어버렸다. 즉 죄인은 사실상 합당하게 세워진 권위에 대한 반역자라는 것이다! 그것이 죄를 만드는 것이다. 우리는 반역자들이다. 우리는 불순종의 아들들이다. 죄는 법을 어기는 것이다. 우리는 반항하고 있으며, 우리가 죄인으로 있는 동안은 하나님의 의로운 법으로부터 도망치는 자들이다.

예를 들어, 어떤 사람이 감옥에서 탈출한다고 하자. 분명 그는 슬픔을 겪을 것이다. 기어서 어두운 곳에 몸을 숨기면서 통나무와 돌과 담벼락에 부딪히며 아픔을 느낄 것이다. 배고프고 춥고 지칠 것이다. 수염이 길게 자랄 것이며, 피곤하고 다리에 쥐가 나고 추위에 떨 것이다. 이 모든 일이 일어날 것이나, 그것들은 그가 정의를 피해 달아나고 법을 어기는 반역자라는 사실에 따르는 부수적인 결과들이다.

죄인들도 마찬가지다. 분명 그들은 마음이 상하고 무거운 짐을 짊어진다. 그들은 수고하고 무거운 짐 진 자들이다. 성경은 이러한 것들을 모두 고려한다. 그러나 죄인이 죄인 된 이유는 그가 하나님의 법에 반항하였고 하나님의 심판을 피해 달아나는 자이기 때문이며, 그것들은 거기에 따르는 부수적인 것들이다.

바로 그것이 죄의 본성을 구성하는 것이다. 즉 그가 불행과 슬픔과 죄책의 무거운 짐을 짊어지고 있다는 사실은 죄의 본성이 아니다. 이러한 것들은 단지 죄악 된 본성의 겉으로 드러나는 부분이고, 죄의 뿌리는 하나님께 반항하는 것이다. 죄인은 이렇게 말하지 않는가?

"나는 나 자신의 것이다. 내가 선택하지 않는 한 누구에게도 충성할 의무가 없다!"

그것이 죄의 본질이다. 그러나 감사하게도, 구원은 그것을 뒤집고 예전의 관계를 회복시킨다. 그래서 돌아온 죄인이 가장 먼저 하는 일은 고백하는 것이다.

"아버지 내가 하늘과 아버지께 죄를 지었사오니 지금부터는 아버지의 아들이라 일컬음을 감당하지 못하겠나이다 나를 품꾼의 하나로 보소서"(눅 15:18,19).

이렇게 회개하면서 우리는 그 관계를 바꾸고 순종하는 자식처럼 하나님의 말씀과 하나님의 뜻에 온전히 복종한다.

중대한 결정을 내릴 때가 되었다

이제 모든 도덕적 피조물의 행복은 하나님께 순종하는 데 있다. 시편 기자는 시편 103편 21절에서 "그에게 수종들며 그의 뜻을 행하는 모든 천군이여 여호와를 송축하라"라고 외쳤다. 그에 반해 지옥은 확실히 불순종의 세계이다. 지옥에 대한 다른 모든 얘기들도 사실이겠지만, 본질은 이것이다. 즉 지옥은 반역자의 세계다! 지옥은 하나님의 뜻에 복종하길 거부하는 반역자들을 위한 감옥이다.

천국이 하나님께 순종하는 자녀들의 세계라는 사실에 하나님께 감사드린다. 우리가 천국의 진주문과 황금길과 벽옥으로 된 성벽에 대해 어떤 말을 하든, 천국이 천국인 이유는 가장 높으신 하나님의 자녀들이 순종하는 도덕적 존재로서 정상적인 영역 안에 있는 것을 발견하기 때문이다. 예수님은 지옥에 불과 벌레들이 있다고 말씀하셨지만, 지옥이 지옥인 이유는 그것 때문이 아니다. 당신은 벌레와 불을 견딜지도 모른다. 그러나 도덕적 피조물이 자신이 반역자이기 때문에 그곳에 있다는 사실을 알고 깨닫는 것, 그것이 바로 지옥과 심판의 본질이다. 그곳은 "나는 하나님께 아무 의무가 없다"라며 불순종한 모든 반역자들의 영원한 세계다.

이제는 우리가 결정을 내려야 할 때다. 각 사람은 자신이 거하게 될 영원한 세계에 관하여 결정을 내린다. 이것은 중대한 결정의 문제다. 당신은 취업을 위한 면접을 보거나 학교에서 졸업장을 받는 것처럼 이 결정에 접근해선 안 된다. 우리는 아무 생각 없이 활기차게 주 예수께 나아가 "주 예수님, 저는 도움을 좀 받으러 왔습니다. 저는 당신이 구세주라는 걸 이해합니다. 그래서 저는 믿고 구원을 받을 것이지만, 주님의 주 되심과 충성과 순종 같은 다른 문제들에 대해선 나중에 생각해보겠습니다"라고 말할 수 있다고 믿을 근거가 없다.

나는 경고한다. 당신은 그런 식으로 주님께 도움을 받지 못할 것이다. 주님은 자신이 지휘하실 수 없는 사람들은 구원하시지 않을 것이기 때문이다. 그분은 자신의 직무를 분리하지 않으실 것이다. 당신은 그리스도를 절반만 믿을 수 없다. 우리는 주님을 있는 그대로 받아들여야 한다. 그분은 기름 부음을 받은 구주이자 주님이시며, 왕의 왕, 주의 주이시다.

만일 주님이 우리의 삶을 인도하고 통치하실 수 있다는 것을 알지 못한 상태에서 우리를 구원하시고 부르시고 선택하신다면 그분은 주님이 아니실 것이다.

나는 더 깊은 그리스도인의 삶과 경험을 믿는다. 정말 그렇다! 그러나 우리가 온전한 것에 대한 불완전한 개념으로 불완전하게 얻은 불완전한 구원에 더 깊은 삶을 추가하려 한다면 우리의 생각이 잘못되었다고 믿는다. 찰스 피니와 요한 웨슬리 같은 사람들을 통해 하나님의 성령이 역사하실 때, 자신을 온전히 하나님께 드리고 그리스도를 자신의 주로 받아들이지 않은 사람은 그 누구도 집회 중에 일어나 "저는 그리스도인입니다"라고 말하지 못할 것이다. 그리스도를 온전히 주로 받아들였을 때에만 "저는 구원받았습니다!"라고 말할 수 있다.

오늘날 우리는 더 깊은 그리스도인의 삶은 나중에 더해질 수 있다는 단서를 붙이고, 과정이 아무리 불완전하더라도 그들이 구원을 받았다고 말할 수 있게 해준다.

우리가 정말로 예수 그리스도께 순종할 의무가 없다고 생각할 수 있을까? 우리는 구원을 위해 주님께 부르짖는 순간부터 그분께 순종할 의무가 있다. 우리가 그분께 그렇게 순종하지 않는다면 우리가 정말로 회심한 것인지 의문을 가질 수밖에 없다! 나는 그리스도인들이 어떻게 행하고 있는지 보고 듣는다. 그들이 기독교 신앙고백 안에만 머무는 것을 볼 때 나는 그들이 정말로 회심했는지 의문을 갖게 된다.

나는 그것이 애초에 잘못된 가르침으로 시작한 결과라고 믿는다. 그들은 주님을 병원으로 여기고, 예수님을 어려움에 빠진 불쌍한 죄인들을 바로잡아줄 분 정도로 여겼다!

"저를 고쳐주세요, 주님. 그래서 제가 제 길을 갈 수 있게 해주세요!"라고 그들은 요구해왔다.

이는 잘못된 가르침이다. 그것은 자기기만으로 가득하다. 예수님을 우리의 주님으로 모시자. 그분은 높고 거룩하시며, 왕관을 쓰고 계신 만주의 주요 만왕의 왕이시다. 그분은 구원하신 모든 사람들에게 온전한 순종을 명하실 완전한 권리를 가지신 분이다!

---

* *I Call It Heresy*
　Christian Publications, 1991; WingSpread Publishers, 2010, 재출간.

CHAPTER
06

오직 한 방향을
바라보라

두 사람이 뜻이 같지 않은데 어찌 동행하겠으며 암 3:3

신앙을 고백하는 그리스도인들이 생각하는 것과 달리, 많은 하
나님의 사람들이 온전히 하나님의 뜻대로 행하려 하지 않는다.
이것은 왜 그렇게 많은 신자들이 성령의 능력과 성령의 평안을,
그리고 하나님의 성령이 가져다주시는 다른 많은 자질들과 은
사들과 혜택들을 누리지 못하는지를 설명해준다.

문제는 이것이다: 우리에게는 사랑과 순종으로 주님과 동행
할 마음이 있는가?

그 답은, 우리가 동의하지 않으면 주님과 동행할 수 없다는
것이다. 또 우리가 동의하지 않는다면 주님과 동행하며 열매를

맺거나 복을 누리지 못할 것이다.

교회 안에서 "어떻게 하면 성령과 더 깊이 교제할 수 있는가?"
라는 주제에 관심이 있다고 주장하는 많은 사람들이 사실은 모
든 것을 얻기 위해 모든 것을 내려놓으려 하지 않는다. 그들은
온전히 하나님을 향하고 그분과 함께 걸어가려 하지 않는다.

존 번연(John Bunyan)이 그의 훌륭한 우화적인 글, 《천로역
정》에서 '양쪽을 다 보는 사람'(Mr. Facing Bothways)을 종종 언
급했던 것을 기억할 것이다. 그처럼 동시에 두 방향을 바라보는
그 어려운 일을 완수하려 애쓰는 그리스도인들이 많이 있다는
사실을 잘 알아야 한다.

그들은 그리스도를 원하지만, 또한 세상의 것들을 원한다. 주
님이 그들의 길을 방해하시게 하지만, 그들 또한 주님의 길을 방
해한다. 우리가 모든 것을 얻기 위해 모든 것을 포기하려 하지
않는다면 성령 충만과 성령 안에서 행하는 것에 대해 아무리 이
야기해봐야 소용이 없다!

이 오래된 질문, "두 사람이 뜻이 같지 않은데 어찌 동행하겠
는가"라는 질문은 수사 의문문이다. 이것은 두 사람이 서로 뜻
이 같지 않으면 함께 갈 수 없다는 확실한 선언이며, 두 사람이
동행하려면 반드시 하나가 되어야 한다는 확언과 같다.

두 사람이 동행하려면 그들이 함께 가기 원한다는 데 동의해
야 하며, 함께 교제하는 것이 그들에게 유익하다는 것에 동의해

야 한다. 그 모든 것이 결국 이렇게 귀결된다는 걸 당신은 알게 될 것이다. 즉 두 사람이 자발적으로 동행하려면 어떤 의미에서 든 하나가 되어야 한다. 그들이 함께 가는 것에 헌신하려면 그들의 걸음과 교제와 방향의 중요한 문제들에 대해 마음이 일치해야 한다.

나는 어떤 사람들이 그들의 삶에 대한 '하나님의 가장 높은 뜻에 헌신하라'라는 이 가르침을 받아들일 준비가 되어 있지 않다는 걸 알게 됐다. 그들은 아직도 두 방향을 바라보고 있다. 신앙을 고백하지만, 모든 것을 얻기 위해 모든 것을 포기할 준비가 되어 있지 않은 그리스도인들의 몇 가지 유형을 말해보겠다.

기독교 보험 가입자들

기독교 신앙이 갖는 '보험' 가치 때문에 기독교에 가장 큰 관심을 갖는 사람들이 있다. 믿든 안 믿든, 그들은 하나님이 지금 그들에게 주시는 돌봄과 보호를 원하고 죽음의 때에 지옥을 피하기 원한다. 그리고 마침내 천국을 보장받기 원한다. 이러한 것들을 얻기 위해 그들은 교회를 지원하고, 선교 사업을 후원하며, 교회의 다른 프로젝트들에 대해 재정 후원을 하고 싶어 한다. 놀랍지만 그것이 사실이다! 어떤 사람들은 교회를 계속 후원함으로 보호를 받기 원하기 때문에 자신의 쾌락을 삼가기도 한다. 즉 그들은 기독교 신앙의 보험 가치에 관심이 있다. 그들은 그 신앙이 제공해주는 것을 받기 원한다. 모더니즘과 자유주의 신앙에는 관심이 없다. 거기에는 보험의 가치가 없기 때문이다.

그리스도가 당신을 위해 십자가에서 돌아가셨다는 사실은 곧 당신이 심판을 받지 않을 것이고 사망에서 생명으로 옮겨졌다는 것을 의미하기 때문에 기뻐하는가? 당신이 사는 동안 하나님께 복을 받고 죽을 때 천국에 가기 위해 지불하는 보험료로 큰 쾌락들을 포기하면서까지 잘 살려고 하는가?

어떤 그리스도인들은 이 문제를 이런 식으로 표현하는 걸 좋아하지 않는다. 그것은 진리를 유출하여 또 다른 질문을 제기하기 때문이다. 즉 이것이 우리 신앙생활의 기반이라면, 우리가 신앙을 고백하지 않는 죄인들보다 나을 것이 있는가?

알다시피 모든 죄인이 더러운 것은 아니다. 모든 죄인이 악당도 아니다. 존경할 만한 사람들과 선한 사람들, 정직한 사람들, 즉 상처가 되더라도 진실을 말하는 사람들이 있다. 그들에게는 영생이나 다가올 천국에 대한 소망이 없다. 그들은 우리 주님을 따르는 자들이 아니다.

나는 그리스도인이 아니지만 훌륭하고 윤리적이고 정직한 사람들을 알고 지냈다. 실제로 내가 아는 어떤 사람은 너무도 훌륭하고 선해서 모든 사람이 그를 그리스도인으로 만들고 싶어 했다. 하지만 그는 늘 단호히 거절하며 "저는 그리스도인이 아닙니다"라고 분명히 말했다. 그는 자신이 천국으로 나아가고 있다고 주장하지 않았다. 그는 자신이 길을 잃었다는 걸 알았다. 하지만 그의 삶과 태도와 습관들이 너무도 훌륭해서 많은 그리스도인들을 부끄럽게 만든다.

그리고 자신이 가진 종교의 개념이 사회적인 것이고 영적인 것이 아니기 때문에 그리스도인이 되려 하지 않는 사람들도 있다. 그중에는 신약성경의 신앙을 약화시켜 그 안에 아무런 힘과 생명과 활력이 없어지게 만든 사람들이 있다. 그들은 자신의 안일한 견해들로 그 신앙을 약화시킨다. 그들은 마음이 매우 넓다. 실제로 너무나 넓은 마음을 갖고 있어서 좁은 길로 걸어갈 수가 없다. 그들은 사회 지향적이다. 종교에 관한 한 그렇다.

나는 그들이 구원을 받지 못했다고 독단적으로 말할 준비는 되어 있지 않으나, 그들이 내가 하는 말들을 받아들일 준비가 되어 있지 않다고 말할 수는 있다. 그리스도의 복음이 본질적으로 영적이며, 성령에 의해 인간의 영혼을 움직이는 기독교의 진리가 그리스도인들을 영적으로 만든다는 사실은 논쟁의 여지가 없다.

이와 비슷하게, 신약성경보다 세상의 영향을 더 많이 받는 사람들이 있는데, 그들은 성령을 받아들일 준비가 되어 있지 않다. 이 사람들은 예루살렘보다 할리우드의 영향을 훨씬 더 많이 받고 있다고 해야 할 것이다. 그들의 영과 생활양식은 예루살렘보다 할리우드에 더 가깝다. 만일 당신이 갑자기 그들을 새 예루살렘 안에 둔다면 그들의 마음은 편치 않을 것이다. 그들의 생활 양식과 마음의 결은 하나님께 속한 것들이 아니라 현대의 오락물들에 의해 만들어졌기 때문이다!

나는 우리 시대에 복음으로 통하는 많은 것들이 세상의 쾌락과 맛과 야망에 팔린 마음에 접붙임된 가벼운 종교에 지나지 않는다고 확신한다.

진정한 제자도

우리는 은혜를 의식하는 이 시대에 은혜를 더 크게 확대했다. 성경에서 하나님이 부여하시는 은혜의 자리에 비해 너무나 확대된 은혜를 가지고 있다. 유다가 예언한 대로 지금 우리에겐 "경건하지 아니하여 우리 하나님의 은혜를 도리어 방탕한 것으로 바꾸고 홀로 하나이신 주재 곧 우리 주 예수 그리스도를 부인하는 자"(유 1:4)들이 있다.

나는 우리가 은혜의 충만함만 바라보다가, 그리스도인들에게 바르게 살아야 한다고 담대히 말하지 않게 될까 두렵다. 바울은 성령 안에서 서신서를 썼고, 내적인 그리스도인들을 위해 거룩하고 내적인 윤리, 도덕적 원칙들을 제시했다. 우리는 로마서, 고린도서, 에베소서, 골로새서와 갈라디아서에서 그런 것들을 읽을 수 있다. 산상설교와 예수님의 다른 가르침들을 읽어보라. 그러면 예수님이 그분의 사람들에게 청결하고 순수하며 올바른 삶을 기대하신다는 걸 알게 될 것이다.

어느 그리스도인 형제가 이렇게 말하는 걸 들었다.

"토저는 제자도와 구원을 구별하지 않아요. 당신은 제자가 되지 않아도 그리스도인이 될 수 있습니다."

내가 묻겠다. 누가 당신에게 제자가 되지 않고도 그리스도인이 될 수 있다고 말했는가? 나는 당신이 제자가 되지 않고 그리스도인이 될 수 있다고 생각하지 않는다. 내가 주님께 나아가 은혜로 모든 죄를 사함 받고, 나의 이름이 하늘나라에 새겨지고, 목수를 보내 내 아버지의 나라에 대저택을 짓게 하면서 동시에 하늘나라로 가는 길에 난동을 부릴 수 있다는 생각은 불가능하며 비성경적인 것이다. 그런 것은 성경에서 찾아볼 수 없다.

우리가 착한 행실로 구원받는 것은 아니지만, 착한 행실들을 떠나 구원받는 것도 아니다. 내 의로움이 나를 구원하는 것은 아니지만, 내가 받은 구원이 의를 가져온다. 예수 그리스도에 대한 우리의 구원 신앙은 우리로 선하고 의롭게 행하게 하기 때문이다. 봄은 꽃에서 오지 않지만, 꽃이 없는 봄은 없다.

우리는 지금 이것을 직시해야 한다. 즉 우리가 계속해서 주님을 알아가려면 의로운 길로 걸어가야 한다. 의로운 삶을 살 준비가 안 된 사람은 구원받지 못했으며, 구원을 받지 못할 것이고, 심판 날에 기만을 당할 것이다. 구원을 가져오는 하나님의 은혜는 경건하지 않은 것과 이 세상 정욕을 다 버리고 신중함과 의로움과 경건함으로 살아야 한다고 우리 마음에 가르친다. 여기에 세 가지 삶의 차원이 있다. 신중함, 그것은 나다. 의로움, 그것은 나의 동료다. 경건함, 그것은 하나님이다. 우리는 영적이면서 선하지 않을 수 있다고 생각하는 실수를 범하지 말아야 한다.

어떤 사람이 습관적으로 하는 행동들을 보면 논리적으로 그가 지옥으로 가고 있다는 걸 알 수 있는데 반대로 그가 천국으로 가고 있다고 믿을 순 없다. 두 사람이 뜻이 같지 않으면 어떻게 함께 갈 수 있겠는가? 그분이 성령이시고 내가 거룩하지 못한 길로 간다면, 어떻게 내가 성령과 교제할 수 있겠는가?

마음을 새롭게 하라

하나님은 우리의 생각들이 우리의 일부분임을 보여주신다. "사람은 생각하는 대로 된다"라고 누군가 말했다. 또한 성령은 모든 것을 살피시고 들으시며 사랑하시는 분이며 순결하시다. 마음에 악하고 나쁜 생각을 품은 사람이 사랑이신 성령님과 함께 교제하는 것을 상상할 수 있는가? 성령을 친밀하게 아는 사람이 자만심에 부풀어 있는 것을 상상할 수 있는가? 사기꾼인 사람이 성령님과 복된 교제를 누리는 것을 상상할 수 있는가? 그럴 수 없다! 친구여, 만일 당신이 습관적으로 더러운 생각을 품고 음미한다면 습관적으로 성령과의 교감 없이 지내는 것이다!

당신의 마음을 순결하게 유지하라. 옛날 히스기야가 그랬던 것처럼 성전을 깨끗하게 하라. 사람들이 성전을 너무 더럽혀 놓았기 때문에, 왕이 된 히스기야는 제사장들을 모두 불러 모았다. 여러 날이 걸렸지만, 그들은 더러운 것들을 모두 가지고 나가서 태우고, 강둑에 던져 없애버렸으며, 다시 돌아와 성전을 정화했다. 그러고 나자 은혜의 하나님이 임하셨고, 그들은 다시 예배를 드렸다.

우리의 생각들은 우리가 사는 성전의 내부 장식이다. 우리의 생각들이 그리스도의 보혈로 깨끗해진다면 우리는 기름투성이 작업복을 입고 있더라도 깨끗한 방에서 살고 있는 것이다. 우리의 생각들은 주로 우리의 존재 내부의 분위기와 날씨를 결정하며, 하나님은 우리의 생각을 우리의 일부로 간주하신다. 우리는 평화를 생각하고, 연민과 자비와 은혜를 생각하고, 자선을 생각하고, 하나님과 하나님의 아들을 생각해야 한다. 이러한 것들이 순결한 것, 선한 것, 고귀한 것들이다.

그러므로 우리가 성령을 깊이 알아가려면 우리의 생각들을 다스려야 한다. 우리의 마음 밭이 온갖 부정한 생각이 자라는 황무지가 되어서는 안 된다.

다시 말하지만, 우리가 이야기하는 그런 교제를 나누려면 하나님의 말씀 안에서 하나님을 알아가려고 해야 한다. 하나님의 성령이 말씀에 영감을 불어넣으셨고, 하나님이 그 말씀 속에서 나타나신다는 것을 기억하라. 나는 하나님의 말씀을 도외시하거나 무시하거나 말씀과 별개로 계시를 받는 그리스도인들에게 전혀 동조할 수 없다. 성경은 결국 하나님의 책이며, 우리가 그 책을 충분히 잘 알게 된다면 세상의 모든 문제에 대한 해답을 얻을 것이다.

우리와 관련된 모든 문제의 답은 그 책 안에 있다. 말씀을 곁에 두라! 나는 말씀을 전하고, 말씀을 사랑하고, 말씀을 내 신앙생활의 가장 중요한 요소로 삼기 원한다. 그 말씀을 많이 읽고, 자주 읽고, 깊이 생각하고, 거듭 생각하며 묵상하라. 밤낮으로 하나님의 말씀을 묵상하라. 밤에 자지 않고 깨어 있을 때 유익한 구절을 떠올려라. 아침에 일어나면 당신의 기분과 상관없이 말씀 한 구절을 떠올리고, 하나님의 말씀을 하루의 중요한 요소로 만들라.

성령이 말씀을 기록하셨으니, 당신이 그 말씀을 중시하면 그분도 당신을 중시하실 것이다. 하나님은 말씀을 통해 자신을 드러내신다. 하나님이 그 책을 쓰셨다. 그것은 여전히 생기 있고 효과가 있으며 살아 있다. 그 안에 생명이 있다. 하나님이 이 책 안에 계시고, 성령님이 이 책 안에 계신다. 그러니 당신이 그분을 발견하기 원한다면 이 책을 살펴보라.

옛 성인들을 본받자. 그들은 하나님의 말씀을 듣고 묵상했다. 손으로 만든 구식 의자에 성경을 올려놓고 낡고 오래된 나무 바닥에 앉아 말씀을 묵상했다. 그들이 기다리는 동안 믿음은 자라났다. 성령과 믿음이 환한 빛을 드러냈다. 그들에겐 작은 활자와 좁은 여백과 낡은 종이의 성경책밖에 없었지만 온갖 도움을 다 받을 수 있는 우리보다 성경을 더 잘 알았다.

성경 묵상을 연마하자. 그러나 이 말을 듣고 밖으로 나가 모임을 조직하지는 말라. 그저 묵상하라. 그저 솔직하고 사려 깊은 그리스도인이 되자. 우리의 성경책을 의자 위에 펼쳐놓고 하나님의 말씀을 묵상하자. 그 말씀이 우리에게 열릴 것이며, 하나님의 성령이 오셔서 그것을 곱씹게 하실 것이다.

나는 한 달 동안 조용히, 경건하게, 기도하며 말씀을 묵상해 볼 것을 도전한다. 질문과 답, 그리고 당신이 이해할 수 없었던 부분의 빈 칸 채우기는 제쳐두라. 하찮은 것들을 모두 치우고 성경을 가져와 무릎을 꿇고 믿음으로 이렇게 구하라.

"아버지, 제가 여기 있습니다. 저를 가르쳐주소서!"

하나님은 분명 그분 자신과 예수님과 성령에 대해, 그리고 삶과 죽음과 천국과 지옥, 하나님 자신의 임재에 대해 가르쳐주실 것이다.

어느 방향을 바라볼지 선택하라

이제 당신의 신앙 경험에서 방해가 되어 왔던 것이 무엇인지 알아내길 권한다. 당신은 진전을 보이지 못했다. 예전과 마찬가지로 하나님을 잘 알지 못한다. 이제 당신의 일상생활과 습관들에 관한 질문에 어떻게 답할 것인지 결정해야 한다. 즉 당신이 하는 일들과 하고 있지 않은 일들에 관한 것이다. 이런 일들이 당신에게서 예수님의 얼굴을 가리는가? 이런 것들이 당신의 영적 성장을 억압하고 정체시키는가? 이런 것들이 당신의 영에서 기쁨을 빼앗아가는가? 그것들이 하나님의 말씀을 덜 달콤하게 만드는가? 그것들이 세상을 더 매력 있게 만들고 하늘나라를 더 멀어지게 하는가?

회개가 필요할지도 모른다. 성령이 오셔서 당신의 마음을 따뜻하게 하시고 생기를 되찾게 하시며 그분의 임재로 향기롭게 만드시기 전에 그곳을 깨끗하게 청소할 필요가 있을지 모른다. 이것이 우리가 성령님과의 교제와 친분을 쌓는 방법이다.

＊ *Tozer Speaks*, Volume 1
  Christian Publications, 1994; WingSpread Publishers, 2010, 재출간.

그리스도와 함께
십자가에 못 박히다

내가 그리스도와 함께 십자가에 못 박혔나니 그런즉 이제는

내가 사는 것이 아니요 오직 내 안에 그리스도께서

사시는 것이라 이제 내가 육체 가운데 사는 것은 나를 사랑하사

나를 위하여 자기 자신을 버리신 하나님의 아들을 믿는

믿음 안에서 사는 것이라 갈 2:20

오늘날 우리 교회에는 전반적으로 이와 같은 놀라운 간증을 하는 그리스도인들이 매우 많아 보인다.

"저는 저를 지옥에서 구원하기 위해 그리스도를 십자가로 보내신 하나님의 계획에 감사드립니다."

나는 사람들이 일어나 "죄 때문에 저는 큰 빚을 지고 있었는

데, 하나님이 그분의 아들을 보내셔서 제 빚을 모두 갚아주셨습니다"라고 말하게 만드는 것은 천박하고 저급하며 오해를 일으키는 기독교 신앙이라고 확신한다.

물론 믿는 그리스도인들은 지옥의 심판에서 구원을 받으며, 우리의 구속주이신 그리스도께서 우리의 모든 빚과 죗값을 다 치러주신 것은 사실이다. 그러나 하나님은 예수님을 십자가와 무덤으로 보내신 목적에 대해 뭐라고 말씀하시는가? 그리스도인을 위한 죽음과 부활의 의미에 대해 뭐라고 말씀하시는가?

확실히 우리는 그것에 대답할 수 있을 만큼 성경을 잘 알고 있다. 즉 하나님이 죄악 된 인류를 구속하신 가장 높은 목적은 한때 죄로 가득했던 우리의 삶 속에서 우리가 예수 그리스도를 닮아가게 만드실 거라는 소망에 근거한 것이었다! 우리가 이 본문에 관심을 가져야 할 이유가 바로 여기에 있다. 이것은 신앙이 퇴보하는 것으로 알려진 갈라디아의 그리스도인들에게 자신의 개인적인 신학을 나누는 사도 바울의 간증이다. 그것은 진귀하고 반짝거리는 보석처럼 빛나는 아름다운 모형이며, 더 깊은 그리스도인의 삶과 경험에 관한 전반적인 해설이다. 우리는 그 부분을 맥락에서 분리해내어 따로 다루려는 것이 아니다. 다만 한 번의 메시지에서 다루기엔 문맥이 너무 광범위하다는 사실을 인정하는 것이다.

십자가에 못 박히다

킹제임스 성경은 바울의 말을 "내가 그리스도와 함께 십자가에 못 박힌다"(I am crucified with Christ)라고 인용한다. 다른 성경들은 거의 다 바울의 말을 다른 시제로 인용한다. 즉 "내가 그리스도와 함께 십자가에 못박혔다"(I have been crucified with Christ)라고 말한다. 실제로 그 구절의 의미도 그와 같다.

"내가 그리스도와 함께 십자가에 못 박혔다."

이 구절은 때때로 그것을 단순하게 암기한 사람들에 의해 인용되는데, 그들은 바울이 실제로 전달하려 하는 것이 무엇이었는지 말하지 못할 것이다. 이것은 성경에서 가볍게 넘어갈 수 있는 부분이 아니다. 많은 사람들이 주기도문과 시편 23편을 그렇게 다루듯이, 당신은 이 구절을 대충 읽고 넘어갈 수 없다.

이것은 그리스도인에게 매우 깊은 의미와 영적 잠재력을 지닌 구절이므로, 우리는 그 말씀의 온전한 의미를 살펴보아야 한다. 그래서 그것이 이 세상을 사는 우리의 모든 삶 속에서 실제적이고 유효하며 실천 가능한 것이 되어야 한다.

이 본문에서 명백한 것은 바울이 그리스도인의 경험과 승리를 위한 하나님의 가장 높은 갈망과 공급을 찾고 발견하는 데 개인적으로 관여한 것을 솔직하고 직설적으로 말했다는 점이다. 그는 자신을 예수 그리스도의 주장과 연관시키는 것을 부끄러워하지 않았다. 그는 명백하게 "내가 십자가에 못 박혔다"라고 증언할 뿐만 아니라, 이 구절과 근접한 곳에서 '나', '나 자신'이라는 말을 총 14회나 사용한다.

분명 성경에는 사람의 겸손한 성품을 보여주는 좋은 사례가 있지만, 자칫 그것이 지나칠 수 있다. 우리 가운데 아주 귀한 베테랑 선교사가 있었다. 그는 박식하고 교양 있으며 너무나 겸손하다. 그는 사람들에게 말해줄 선교사로서의 업적과 이야기 소재들이 많이 있었지만, 늘 자신을 일인칭으로 언급하는 걸 거부했다. 개척 선교사로 살면서 일어났던 일에 대해 이야기해달라고 하면 그는 이런 식으로 말했다.

"한 사람이 중국에 있을 때 보았던 걸로 기억합니다…"

겸손에 대한 생각이 너무 지나친 듯하여, 나는 그에게 농담처럼 말했다. 만일 그가 시편 23편을 썼다면 이런 식으로 썼을 것 같다고 말이다.

"여호와는 한 사람의 목자시니 한 사람이 부족함이 없으리로다. 그가 한 사람을 푸른 초장에 누이시며 쉴 만한 물 가로 인도하시는도다…."

나는 바울이 그 단어를 사용하기에 적절한 때와 장소가 있다는 걸 알았다고 믿는다. 영적인 문제에 있어서 어떤 사람들은 가능하면 일종의 익명성을 유지하기 원하는 것 같다. 누군가 다른 사람이 첫 발을 내딛어야만 한다. 이것은 종종 우리의 기도 방식에서도 나타난다. 어떤 그리스도인들은 간구하는 것이 너무 일반적이고 모호하고 관련이 없어서 하나님이 응답하실 수가 없다. 나는 머리를 숙이고 이렇게 기도하는 사람을 말하는 것이다.

"주님, 선교사들과 우리가 기도해야 하는 모든 사람들을 축복해주옵소서. 아멘."

바울은 여기서 우리에게 이렇게 말하는 듯하다.

"나는 나 자신을 본보기로 사용하는 것을 부끄러워하지 않는다. 나는 그리스도와 함께 십자가에 못 박혔다. 내가 기꺼이 지목을 받겠다."

하나님 없이 살고 영적인 지각 없이 사는 사람이 자신의 자아로 인해 깊은 곤란에 빠지는 이유를 오직 기독교만이 인식하고 있다. 그가 '나'라고 말할 때는 자신의 개인적인 존재 전체에 대해 이야기하는 것이다. 또 그가 만일 자신이 누구인지, 또는 여기서 무엇을 하고 있는지 정말로 모른다면 온갖 질문과 문제와 불확실성과 함께 자신의 인격 안에 포위되어 있는 것이다.

오늘날의 피상적인 심리학의 종교들은 대부분 자아를 이리저리 움직임으로써 자아의 문제를 다루려 한다. 그러나 기독교는 단호하게 처리함으로써 '나'의 문제를 다룬다.

성경은 거듭나지 못한 모든 인간은 계속해서 자신의 자연적인 자아와 이기심의 문제로 씨름할 거라고 가르친다. 그의 인간적 본성은 아담에게로 거슬러 올라간다. 그러나 성경은 또한 기

쁨과 축복으로 모든 개인이 거듭나 그리스도 안에서 '새 사람'이
될 거라고 가르친다.

바울이 이 본문에서 "내가 십자가에 못 박혔다"라고 말할 때
는 "나의 자연적인 자아가 십자가에 못 박혔다"라고 말하는 것
이다. 그렇기 때문에 그는 계속해서 "그러나 내가 산다"라고 말
할 수 있는 것이다. 즉 그는 다른 사람, 새 사람이 되었기 때문
에 "내가 그리스도 안에 살고 그리스도가 내 안에 사신다"라고
말하는 것이다. 하나님의 의로운 분노에 직면하는 것은 이 첫
번째 '나', 즉 자연적인 '나'이다. 하나님은 자연인이자 이기적인
사람으로서 나를 인정하시고 받아주실 수 없다. 그때의 나는
거듭나지 않았고, 이방인이며, 하나님을 대적하는 모든 것의 본
질이다.

타협점은 없다

하나님을 대적하거나 그리스도를 대적하는 것의 개념을 묵살하
는 사람들이 있다는 걸 안다. 그들은 예언과 종말론에 관한 성
경의 가르침에 조금도 주의를 기울이려 하지 않는다.

그럼에도 불구하고 십자가에 못 박힘과 변화와 새로운 피조
물이 되는 과정을 거치지 않는 것은 무엇이든 그리스도를 대적
하는 것임이 성경적 사실이다. 예수님은 그리스도와 함께하지
않는 자는 모두 그리스도를 반대하는 자라고 말씀하셨다. 즉

그리스도 편에 서지 않는 자들은 그리스도를 반대하는 자들이다. 우리는 그런 그리스도의 말씀을 어떻게 다루어야 하는지 잘 모른다. 그래서 회피하거나 좀 더 부드러운 표현으로 바꾸려 하지만, 예수님은 "나와 함께 모으지 아니하는 자는 헤치는 자니라"(마 12:30)라고 하셨다.

오늘날 관용을 외치는 큰 고함소리가 온 세계에 울려 퍼진다. 그중 많은 소리는 믿지 않는 자들의 흥분된 열기에서 나오는 것이다. 가장 관대하지 못한 공산주의 국가들이 모든 종교의 경계를 무너뜨리고 우리의 사회적, 인종적 문제들로 미국인들을 난처하게 만들기 위해 관용을 설파하며 요구하고 있다.

이것이 하나님의 사람들이 처한 상황이다. 즉 온 세계에서 가장 편협한 책이 성경, 하나님의 영감으로 쓰인 말씀이며, 청중에게 자기 자신을 전한 가장 편협한 교사가 바로 주 예수 그리스도 자신이었다.

반면에, 예수 그리스도는 자비를 베푸는 것과 관대한 것의 큰 차이를 보여주셨다. 예수 그리스도는 너무나 자비로우셔서, 넓은 마음으로 세상 모든 사람들을 받아주셨고 자신을 미워하는 자들을 위해 죽기까지 하셨다.

그러나 그러한 사랑과 자비의 관을 쓰시고도 예수님은 매우 편협하게 가르치셨다.

"나와 함께 아니하는 자는 나를 반대하는 자라. 너희가 만일 내가 그인 줄 믿지 아니하면 너희 죄 가운데서 죽으리라."

예수님은 관용을 전하며 중립을 지키는 사람을 수용하기 위해 타협점을 남겨두지 않으셨다. 예수님의 가르침 안에는 중간 지대가 없다.

자비와 관용은 다른 것이다. 관용은 영적 원리들이 관련되고 하나님 말씀의 가르침들이 무시되고 잊혀지면 쉽게 비겁한 것이 된다.

많은 사람들이 우리를 데려가려 하는 타협점에 이른다고 하자. 그것은 이런 것이다.

"모두 오라, 당신이 원한다면 구원을 받을 것이다. 그러나 구원받기를 원치 않는다면, 우리가 당신을 위해 다른 길을 찾아줄 수 있을 것이다. 우리는 당신이 원한다면 주 예수 그리스도를 믿기 원한다. 하지만 당신이 원치 않는다면 하나님이 당신을 위해 다른 길을 찾아주실지도 모른다. 하나님께 가는 많은 길들이 있다고 말하는 사람들이 있기 때문이다."

그것은 우리 입장에서 볼 때 관용의 정신이 아닐 것이다. 그것은 순전한 비겁함이다. 우리는 타협하는 마음을 가진 많은 이들과 함께 죄책감을 느낄 것이다. 그 마음은 너무나 쉽게 하나님을 반대하는 태도로 돌아선다.

모든 그리스도인을 위한 소명

참된 기독교는 자아의 삶이라는 인간의 문제를 다루고 '나, 나 자신'에 관한 기본 문제를 다룬다. 하나님의 영은 관대하지 못한 최종 파멸로 그것을 다루신다. "인간의 삶 속에서 하나님이 영광을 받으시려면 이기적인 나는 살 수 없다"라고 말씀하시면서. 하나님 자신은 인간 본성의 이 측면을, 즉 우리의 오만한 삶 전체를 다루시며, 그것에 대해 엄중한 선고를 내리시고, 단호하고 솔직하게 그것을 반대하시며 완전히 거부하신다.

그리고 하나님은 그것에 대해 뭐라고 말씀하시는가?

"나는 홀로 하나님이다. 나는 인간의 이기적인 자아와 아무 관계를 맺지 않을 것이다. 그 안에서 나는 반역과 불순종과 불신의 본질을 발견한다. 자아의 교만함과 이기주의 안에 담긴 인간의 본성은 하나님을 반대하며, 실로 죄악된 것이다!"

오만하고 비뚤어지고 죄악된 인간 본성을 다루는 문제에 있어, 우리는 기독교의 틀 안에서 두 가지 입장을 발견한다.

한 가지 입장은 심리학과 정신의학에 많이 의존한다. 예수님이 우리의 자아, 이기심, 교만, 고집을 바로잡기 위해 세상에 오셨다고 주장하는 소위 기독교 지도자들이 있다. 그들은 우리가 어릴 때 어머니가 우리를 야단쳤기 때문에 갖게 된 강박관념과 왜곡된 관념들을 다룸으로써 삶과 서로에게 완전히 적응하게 될 거라고 선언한다! 그래서 목회자들이 우리의 문제를 교회에서 정신병원 침상으로 옮기고 위탁하는 일들이 많이 있다.

다른 한편으로, 감사하게도 성경은 예수 그리스도가 자아를 가르치거나 용인하거나 다듬기 위해서가 아니라 완전히 종식시키기 위해 오셨다고 명백히 말한다! 예수 그리스도가 우리의 자연적 자아와 자긍심을 키우는 법을 말씀해주러 오셨다고 말할 수 있는 사람은 아무도 없다. 예수님은 바하와 베토벤과 다 빈치에 대한 사랑을 자기 자신에게 줌으로써 우리의 삶 속에서 크고 교만한 '나'와 사이좋게 지내는 법을 배울 수 있다고 가르치지 않으셨다.

바울은 완전한 영적 해결책을 보여주었다.

"내가 그리스도와 함께 십자가에 못 박혔나니 그런즉 이제는 내가 사는 것이 아니요 오직 내 안에 그리스도께서 사시는 것이라 이제 내가 육체 가운데 사는 것은 나를 사랑하사 나를 위하여 자기 자신을 버리신 하나님의 아들을 믿는 믿음 안에서 사는 것이라."

이것이 모든 그리스도인의 삶 속에서 요구되는 믿음과 헌신의 결단이고 태도이다.

예수 그리스도가 우리의 자아와 자만과 오만의 삶을 효율적, 최종적으로 다루기 위해 세상에 오셨다는 것을 알 때 우리는 자신의 입장을 밝혀야 한다. 하나님의 도우심으로, 우리는 우리의 본성 안에 있는 큰 자아에게 이렇게 말한다.

"이것이 너의 한계다. 너는 이제 끝났다. 더 이상 지배할 수 없다!"

참된 회개와 자기 부인으로, 우리는 옛 자아의 삶에서 등을 돌릴 것이다. 더 이상 그것에 동조하지 않을 것이다. 우리는 그것의 지위를 저버리고 임마누엘 하나님의 편에 있는 영적 승리와 축복으로 넘어가며, 그때부터 예수 그리스도의 십자가 깃발 아래서 즐겁게 걸어갈 권리와 능력이 있다.

바로 이것이 여전히 많은 그리스도인의 삶 속에서 문제를 일으키고 있는 옛 사람, 옛 자아의 삶을 처리하고 최종적으로 제거하는 것이다. 우리는 예수 그리스도의 십자가 죽음과 장사됨과 부활에 있어, 그분과 실제로 동일시된다.

그리스도인의 삶에서 세례가 바로 그것을 의미해야 하는데, 슬프게도 보통 사람에게 세례는 물속에 얼른 들어갔다 나오는 것에 불과하다. 세례가 무엇을 의미하는지 모르기 때문이다. 그는 세례가 실제로 일어난 영적, 내적인 변화의 외적, 가시적인 증거가 되어야 한다는 것을 모른다. 즉 세례는 이기적이고 비뚤어진 옛 인간의 본성이 버림 받았고, 제거되었으며, 십자가에 못 박혔고, 사망선고를 받았음을 선언하는 상징이다!

믿는 자에게 세례는 그런 의미를 가져야 한다. 즉 그리스도와 함께 죽고 장사되었다가 그분의 부활의 능력으로 함께 살아나는 것이다! 그것은 물세례의 방식과 상관없이 일어날 수 있으나,

물세례는 반드시 그것을 나타내야 한다. 그것은 결혼반지가 두 사람이 결혼했다는 사실을 증거하고 나타내는 것처럼 예수 그리스도의 죽음과 부활에 함께했음을 나타내야 한다.

예수님과 동일시하는 것

옛 자아의 삶과 본성에 관한 이 두 가지 입장을 통합하는 것은 불가능한 일이다. 나는 우리에게 이 두 입장을 끼워 맞출 의무가 있다고 믿지 않는다. 주 예수 그리스도는 자아를 종식시키고 영적 승리 안에서 새로운 삶을 보여주기 위해 오셨거나, 아니면 옛 자아를 덧대고 수선하기 위해 오신 것이다. 둘 다 하기 위해 오신 것은 확실히 아니다!

누군가 이렇게 말할 거라고 예상한다.

"우리 그룹은 영적 승리와 축복에 관심을 갖고 있지만, 우리의 접근 방식은 당신의 방식과 전혀 다릅니다!"

그 대답으로 내가 해줄 수 있는 말은 이것뿐이다. 즉 하나님의 말씀에 근거하여, 예수 그리스도의 죽음과 장사됨과 부활에 있어 그분과 참으로 동일시하는 것이 사람들을 그리스도를 닮도록 이끌 거라는 사실이다.

하나님은 우리가 속한 그룹의 성향에 따라 다양한 방식으로 우리 안에 그분의 형상이 나타나게 하실 거라고 약속하지 않으셨다. 인간의 삶과 인격 속에 예수 그리스도의 형상이 나타나게 하는 것은 하나님이 전 세계의 모든 그룹과 컨퍼런스와 교제들 안에서 다 똑같이 하시는 일이다. 그들이 어떤 단체인지는 상관이 없다.

옛 자아의 삶을 고치고 수선할 방법은 실제로 없다. 신약 신학은 인간의 옛 자아가 완전히 파멸된다고 주장한다. 과장 없이 말해서, 그 자아에는 근본적인 선이 없고, 잘못된 가치들을 고수하며, 그 자아의 지혜는 의심스럽다. 오직 그리스도 예수 안에 있는 새로운 자아, 즉 그리스도 안에 있는 새 사람만이 살아야 한다. 이 헌신의 시점부터 우리는 자신을 참으로 죄에 대하여 죽고 그리스도 예수 안에서 하나님에 대하여 산 자로 여겨야 한다.

인간은 자아를 지지하고, 오만을 키우고, 인간의 존재 안에 있는 분명한 결함들을 감추기 위해 계속해서 다양한 목발에 의존한다. 많은 이들이 교육을 계속하는 것이 인격과 잠재력 간의 빠진 고리를 연결해줄 거라고 믿었다. 많은 이들이 철학이 추구하는 것에 의존했고, 어떤 이들은 문화적 업적에 의존했다. 혈통과 환경과 지위는 더 많은 부분을 차지한다.

그러나 인간 조상들을 자랑하고, 혈통이나 문화적 특권들을 자랑스럽게 내세울 수 있다고 해서 이런 것들이 인간의 본성을 변화시키거나 재생시켜주는 것은 아니다. 우리의 혈통이나 문화적, 교육적 이점들과 상관없이, 우리는 모두 비슷한 인간이다.

나 자신의 본성을 볼 때 나는 아무것도 아니다. 나 스스로는 아무것도 알지 못한다. 하나님의 관점에서 볼 때, 하나님의 도우심과 능력 주심이 없으면 나는 아무것도 아니며 아무것도 할 수 없다.

그러나 그리스도 예수 안에 있는 새 사람에 관한 기록은 완전히 다르다! 그가 헌신의 의미를 발견했다면, 즉 예수 그리스도의 십자가에 못 박힘과 죽음에 있어 그분과 동일시되기 위해 자아를 버리는 것이 무엇인지 알았다면, 그는 그리스도의 존재 자체를 완전히 새롭게 발견하는 것이다!

이 새 사람은 그리스도의 임재를 위한 공간을 만들었다. 그래서 개인의 재산 목록이 달라진 것이다. 더 이상 예전처럼 아무것도 못하고, 아무것도 모르고, 아무것도 아니며, 아무것도 가진 것이 없는 사람이 아니다! 그 사람 안에서 십자가에 못 박히고 부활하신 구세주께서 지휘하고 통제하시는 정당한 위치에 앉으셨을 때 독선적인 옛 자아는 죽었다. 옛 자아는 "어떻게 하면 내가 바라는 모습이 될 수 있을까?"라고 부르짖었으나, 새 사람은 "그리스도가 내 안에 사신다"라는 것을 알고 믿음과 기쁨 안에 거한다.

바울은 골로새인들에게 그것을 이런 식으로 표현했다.

"너희 안에 계신 그리스도시니 곧 영광의 소망이니라!"

(골 1:27)

그리고 계속해서 그들에게 '그리스도 안에서 완전한 자'임을 확신시켜준다.

바울은 에베소인들에게 그리스도에 대한 믿음과 소망의 본질이 "하나님이 사랑하시는 자 안에서 받아들여진다"라는 확신에 있음을 상기시켜주었다.

고린도 신자들에게 바울은 예수 그리스도가 '우리에게 지혜와 의로움과 거룩함과 구원함이 되셨음'을 아는 지식 안에서 온전한 영적 구원과 안정을 약속해주었다.

그다음에 우리의 가장 큰 필요는 오직 예수 그리스도이다. 그분이 우리에게 필요한 것이다. 또한 그분은 우리에게 필요한 것을 갖고 계신다. 그리고 우리가 알아야 할 것을 알고 계신다. 그분은 우리가 할 수 없는 일을 우리 안에서 하실 수 있다. 즉 하나님 보시기에 기뻐하시는 일을 우리 안에서 행하시는 것이다.

그리스도를 닮아가는 것

이것은 영적 교리와 삶에 있어 많은 사람들이 어렵게 느끼는 점이다.

"나의 야망은 어떠한가? 나는 늘 야망을 품어왔고, 그래서 그것이 나의 일부라고 할 수 있다. 그것은 괜찮은가?"

"나는 나의 방식으로 나의 일을 행하는 데 익숙하며 교회 안에서도 그렇게 하고 있다. 나는 그것을 내려놓아야 하는가?"

"나는 사람들에게 좋은 인상을 주어서 인정과 주목을 받을 수 있었다. 신문에서 내 이름을 보는 것이 익숙하다. 그리스도와 함께 십자가에 못 박힘으로써 내가 얻는 것은 무엇인가?"

형제자매들이여, 당신은 그리스도와 영광과 결실과 미래와 앞으로 올 세상을 얻으며, 온전케 된 의인의 영을 갖게 된다. 새 언약의 중보자이신 예수님, 영원한 언약의 피, 무수한 천사들과 장자들의 교회와 새 예루살렘, 살아 계신 하나님의 성을 받는다!

그 모든 것을 받기 전에, 당신은 이 땅에서 그리스도와 인류를 위해 사랑과 기쁨으로 섬길 수 있는 특권과 기회를 갖는다.

이것은 하나님의 인자하심과 지혜 안에 있는 은혜로운 계획이고 공급이다. 하나님은 당신을 너무도 사랑하시기에, 당신이 계속해서 뽐내고 자랑하며 자신의 이기심을 키우고 자아를 먹이도록 내버려두지 않으신다. 하나님은 그분의 자녀들 안에 그런 이기적인 주장을 허용하실 수 없다. 그래서 예수 그리스도께서 우리 안에서 우리로 온전케 하시고 새롭게 만들기 위해 역사하시는 것이다.

그러므로 그것이 실제로 예수 그리스도가 우리와 함께 거하시고 우리를 위해 죽으려고 이 세상에 오신 이유이다. 하나님은 결코 우리를 버리지 않으시고, 우리가 그분을 대면하여 보고 그분의 이름이 우리 이마에 새겨질 그날까지 우리를 하나님의 소중한 자녀로 만들어가실 것이다. 그날에 우리는 참으로 그리스도와 같아질 것이며 그분을 있는 그대로 보게 될 것이다.

진실로 그 은혜로운 날에, 우리의 기쁨은 하나님이 우리를 지옥에서 구원하셨다는 것을 개인적으로 아는 데 있지 않을 것이다. 우리는 하나님이 우리를 새롭게 만드셨고, 옛 자아를 처리하셨으며, 우리 안에 하나님의 아들의 아름다움을 재현할 수 있는 새 사람과 새 자아를 창조하실 수 있었다는 사실을 알고 즐거워할 것이다.

그러한 관점에서 볼 때, 그리스도인의 매일의 삶 속에 주 예수 그리스도의 아름다움이 나타나기 전까지는 어떤 그리스도인도 영적으로 마땅히 있어야 할 곳에 이르지 못한 것이 맞다고 생각한다. 나는 이러한 삶과 인격의 변화에 필히 정도의 문제가 있음을 인정하다.

분명 우리가 인간으로 존재하는 가운데, 우리 자신을 들여다보면서 이렇게 말할 수 있었던 적은 결코 없었다.

"음, 이제 그것이 완성된 것으로 보이니 하나님께 감사드린다. 하나님이 초상화에 서명을 하셨다. 나는 나 자신 안에서 예수님을 본다!"

아무도 그렇게 말하지 못할 것이다. 아무도!

어떤 사람이 그리스도를 닮게 되었다고 해도, 그는 그것을 알지 못할 것이다. 그는 너그럽고 사랑과 화평과 은혜와 자비와 인자함과 선함과 충성이 가득할 것이나, 실제로 그것을 모를 것이다. 왜냐하면 겸손함과 온유함 또한 참된 경건의 변화에 속한 부분이기 때문이다. 그가 명백히 하나님의 사람이요 그리스도의 증인이라 하더라도, 그는 계속 나아갈 것이며 사람들에게 자기를 위해 기도해달라고 부탁하고 눈물로 성경을 읽으며 "오, 하나님, 저는 하나님의 아들을 닮기 원합니다!"라고 기도할 것이다.

하나님은 사랑하는 자녀가 그분의 아들을 닮아가고 있다는 걸 아시며, 천사들도 그것을 알고, 또 그의 주변 사람들도 그것을 안다. 하지만 그는 자신의 삶과 인격에 대한 하나님의 뜻과 갈망에 몰두해 있어서 그것을 알지 못한다. 참된 겸손은 자신을 바라보지 않기 때문이다. 에머슨은 오직 자신만 바라보는 눈은 아무것도 보지 못하며, 우리는 눈으로 보는 것이 아니라 눈을 통해 보아야 한다고 했다. 나의 눈이 갑자기 자신을 자각하게 된다면 나는 눈먼 사람이 될 것이다.

이제 십자가에 못 박힌 삶의 실제적인 적용과 그것이 날마다 요구하는 것들이 있다. 세례 요한은 오래전에 그것을 깨닫고 "그는 흥하여야 하겠고 나는 쇠하여야 하리라!"라고 말했다.

반드시 나는 점점 더 작아져야 하고 그리스도는 점점 더 커져야 한다! 형제여, 거기서 당신은 십자가의 톡 쏘는 맛과 쓴 맛을 느낄 것이다! 법적으로나 잠재적으로 나는 그리스도와 함께 십자가에 못 박혔고, 지금 하나님이 그것을 실제 사실로 만들기 원하신다.

사실상 그것은 그렇게 간단하지 않다. 당신의 결단과 헌신은 당신이 그 십자가에서 내려오는 것을 허용하지 않는다. 오직 우리가 매순간 "이제는 내가 사는 것이 아니라 내 안에 그리스도가 사시는 것이다"라고 고백함에 따라 평안과 능력과 결실이 점점 더 커질 수 있다.

하나님은 예수 그리스도의 생명을 나타낼 큰 잠재력을 가진 사람들 사이에서 계속 결단을 요구하고 계신다. 우리는 결정을 해야 한다.

"나의 길이냐, 그리스도의 길이냐?"

하나님은 그 아들의 의를 내세워야 한다고 말씀하고 계신데 나는 나 자신의 의를 주장할 것인가? 여전히 나 자신의 영광과 명예를 위해 살 수 있는가? 아니다. 하나님을 기쁘게 해드리려면 그리스도의 영광과 찬송을 위한 삶을 살아야 한다.

"내가 그것을 선택할 수 있는가? 내가 나 자신의 계획을 가질 수 있는가?"

아니다. 우리가 그리스도 안에서 선택을 하고 하나님의 계획을 이루기 위해 살 때 비로소 하나님이 영광을 받으실 수 있다.

나의 왕국은 사라진다

현대 신학은 이 지점에서 강하게 압박하기를 거부하나, 우리는 찬송가 속에서 종종 영적인 선택에 직면한다. 우리는 자주 이 찬양을 부른다.

"오, 나 자신에 대하여 죽게 하소서, 사랑의 주여. 오, 주님만 바라보게 하소서."

우리는 그 찬송을 부른 후 바로 책을 덮고 친구들과 나가서 휴식을 취하며 기분 좋게 음료를 마신다. 그 원칙은 대부분의 그리스도인들 안에서 작동하지 않는다. 그것은 실제 삶으로 이어지지 않는다. 객관적 진리인 이 원칙이 그리스도인의 삶 속에서 주관적인 경험이 될 거라고 내가 계속 말하고 가르치고 바라는 이유가 거기에 있다. "나는 진리를 아는 것만으로 충분하다. 그것을 나의 일상생활과 경험에 섞는 것은 원치 않는다"라고 말하는 그리스도인이 있다면, 그에게 기독교는 희극과 망상에 지나지 않을 것이다!

종종 정통과 복음주의 기독교를 비판했던 올더스 헉슬리(Aldous Huxley, 영국의 소설가, 비평가)가 "당신의 왕국이 오려면 반드시 나의 왕국이 물러가야 한다"라고 말했다는 사실에 깜짝 놀랄지도 모른다.

주일마다 교회에서 "주의 나라가 임하게 하소서! 주의 뜻이 이루어지게 하소서!"라고 기도하면서 실제로 그런 기도의 영적 의미가 무엇인지도 모르는 그리스도인들이 얼마나 많은가? 우리는 무엇을 위해 기도하고 있는가? 우리는 서로 대립이 되도록 그 기도를 이렇게 편집해야 할 것이다.

"주여, 저의 나라는 가고 주의 나라가 오게 하소서!"

확실히 나 자신의 이기적인 왕국이 물러나기 전까지 나의 삶 속에서 하나님의 왕국이 실현될 수 없다. 내가 물러날 때, 내가 더 이상 내 영역의 왕이 아닐 때 예수 그리스도가 내 삶의 왕이 되실 것이다.

이제 형제들이여, 분명히 말하건대 기독교 목회자는 하나님의 말씀에 명백히 규정된 길 외에 다른 길을 따라가 영적 승리와 매일의 축복에 이를 수 없다. 사역자가 강력한 본문을 선택하고 그것을 설명하고 설교하는 것과 날마다 정직하고 진실하게 그 말씀의 의미를 실천하며 사는 것은 별개의 일이다. 목회자는 사람이다. 그리고 종종 그는 자신만의 교만한 작은 왕국을 소유한다. 그것은 사회적 지위와 자만의 왕국이며 때로는 권력을 동반한다.

목회자들은 다른 모든 사람들과 마찬가지로 십자가에 못 박힌 삶의 영적 의미들을 붙잡고 씨름해야 하며, 철저한 하나님의 사람이자 하나님의 양 떼의 영적인 본이 되기 위해 날마다 자신의 지위와 위신의 작은 왕국으로부터 오는 유혹들에 대해 죽어야 한다.

종교개혁 전 독일의 가장 위대한 설교자 중 한 명이 요하네스 톨러(Johannes Tollar)였다. 그는 분명 루터 시대 전의 복음주의자였다. 니콜라스라는 어느 독실한 평신도인 농부가 시골에서

와서 톨러 박사에게 큰 교회에서 설교를 해달라고 부탁했다. 그는 설교에서 예수 그리스도와의 영적 연합에 근거한 더 깊은 그리스도인의 삶을 다루어달라고 했다.

다음 주일에 톨러 박사는 그 설교를 했다. 26가지 요점으로, 사람들이 매일의 삶 속에서 예수 그리스도를 영화롭게 하기 위해 자신의 죄와 이기심을 버리는 법을 알려주었다. 그것은 좋은 설교였다. 실제로 나는 그 설교를 읽었을 때 모든 줄에 밑줄을 긋고 싶었다.

예배가 끝나고 사람들이 흩어졌을 때 니콜라스가 천천히 통로로 걸어왔다. 그는 이렇게 말했다.

"톨러 목사님, 정말 훌륭한 설교였습니다. 목사님이 전해주신 진리에 대해 정말 감사드리고 싶습니다. 하지만 제가 걱정이 되어, 외람되지만 한 말씀만 드리겠습니다."

"네, 말씀해보세요"라고 설교자가 말했다.

"목사님, 오늘 목사님께서 사람들에게 전해주신 것은 위대한 영적 진리였습니다. 하지만 목사님은 목사님 자신의 일상생활 속에서 깊은 영적 원리들의 의미를 경험하지 못한 채 다른 사람들에게 그것을 진리로 설교하고 계시다는 걸 저는 알았습니다"라고 니콜라스가 말했다.

"목사님은 예수 그리스도의 죽음 및 부활과 온전히 동일시하며 살고 계시지 않습니다. 목사님이 설교하시는 모습을 보니 그

걸 알 수 있었습니다!"

박식하고 학구적인 톨러 박사는 아무 대답을 하지 않았다. 그러나 그는 곧 무릎을 꿇고 회개하며 겸손하게 하나님을 구했다. 몇 주 동안 그는 강단에 서서 설교를 하지 않았다. 객관적 진리가 그의 마음을 새롭게 하고 뜨겁게 하는 깊은 영적 경험이 되기 위해 날마다 성령의 조명을 간절히 구했다.

그의 영혼 안에 암흑 같은 고통이 계속되던 오랜 기간이 지난 후, 드디어 톨러 자신의 왕국이 종결되고 하나님의 왕국이 그 자리를 대신하는 날이 왔다. 성령의 대홍수가 그의 삶에 밀려들어 왔고, 그는 자기 교구와 강단으로 돌아가 그 세대에서 가장 위대하고 열정적이고 능력 있는 설교자 중 한 사람이 되었다. 하나님의 은혜로운 축복이 임했다. 그러나 톨러는 그 전에 먼저 죽어야만 했다. 바울이 "내가 그리스도와 함께 십자가에 못 박혔다"라고 말한 것은 바로 이런 의미였다.

이것은 우리의 삶에 대한 하나님의 뜻에 관심이 있다고 말하는 모든 사람에게 살아 있는 실체가 되어야 한다. 당신은 나를 위해 기도하고 나도 물론 당신을 위해 기도할 것이다. 이 점에서 우리가 우리 주님의 본을 따라야 하기 때문이다.

우리는 이 본문을 기억해두었다가 인용할 수 있지만 그것만으론 충분치 않다. 나는 바울의 말의 의미를 안다고 말할 수 있지만 그것만으론 부족하다. 하나님은 우리가 우리의 작고 이기

적인 왕국을 떠나보내는 즉시 우리의 삶 속에서 그것을 산 실체
로 만들어주겠다고 약속하신다!

* *Tozer Speaks*, Volume 2
  Christian Publications, 1994; WingSpread Publishers, 2010, 재출간.

PART 2

제자,
그리스도와
함께 걷다

DISCIPLESHIP

자신의
십자가를 지라

이에 예수께서 제자들에게 이르시되 누구든지 나를 따라오려거든

자기를 부인하고 자기 십자가를 지고 나를 따를 것이니라 마 16:24

예수님은 우리가 '인간의 영혼'이라 부르는 놀랍고 신비로운 소
우주를 취하시고, 그것의 장래 행복 또는 고난이 한 단어에 달려
있게 만드셨다. 바로 '만일'(if)이라는 단어다.

그분은 '만일 누구든지'라고 말씀하시며, 그 초청이 지니는 우주
적 포괄성과 인간의 자유의지에 대해 동시에 가르치신다. 즉, 누
구든지 올 수 있다. 반드시 와야 한다는 의무는 누구에게도 주
어지지 않았다. 각자의 선택에 달린 것이다.

타협할 수 없는 제자도의 조건

모든 사람은 자신의 미래를 자기 손 안에 쥐고 있다. 세계를 지배하는 지도자뿐만 아니라 그저 별 볼일 없는 사람까지 모두 '운명을 지배하는 사람'이다. 그는 자신의 영혼이 어느 길로 갈지 결정한다. 그가 선택하며, 운명은 그가 고개를 끄덕이길 기다린다. 그가 결정을 내리면 지옥이 넓어지거나 천국이 또 하나의 대저택을 준비할 것이다.

하나님은 자신의 많은 부분을 인간에게 주셨다. 인간과 함께 하는 하나님의 길에는 신비한 아름다움이 있다. 하나님은 한 사람을 통해 세상에 구원을 주시고, 또 그 사람을 보내 "누구든지 나를 따라오려거든"이라고 말하며 바쁘게 다니게 하신다. 어떤 드라마나 팡파르, 행진하는 발소리나 크게 외치는 소리도 없다. 어느 친절한 이방인이 세상을 여기저기 다니시는데, 그의 목소리는 매우 조용하여 때때로 소란한 소리에 묻히기도 한다. 그러나 그것이 하나님의 마지막 음성이다.

우리가 그 음성을 듣기 위해 조용해지지 않으면 진짜 메시지를 들을 수 없다. 그분은 멀리서 반가운 소식을 가져오시지만 누구에게도 들을 것을 강요하지 않으신다. '누구든지 원하면'이라고 말씀하시며 메시지를 전하실 뿐이다. 그분은 친절하고 정중하시며, 불필요하게 관심을 끌지 않으시지만 왕의 인장을 지니고 계신다. 그분의 말씀에는 신적 권위가 있고, 그분의 눈은 재판소이며, 그분의 얼굴은 최후의 심판이다.

그분이 '누구든지 나를 따라오려거든'이라고 말씀하시면 어떤 사람은 일어나 그분을 따를 것이지만, 어떤 이들은 그분의 음성에 주의를 기울이지 않을 것이다. 그래서 사람과 사람 사이에, 원하는 사람과 원하지 않는 사람들 사이에 간격이 생긴다. 조용히, 그러나 무섭게 일이 진행되는 가운데, 각 사람은 초청의 음성을 들을 것인지 무시할 것인지를 결정한다. 세상이 모르게, 어쩌면 개인도 모르는 사이에 분리의 역사가 일어난다.

하나님의 음성을 들은 각 사람은 스스로 결정을 내려야 한다. 그의 결정은 그 메시지가 가진 증거에 근거한다. 천둥소리도, 천국의 징후나 하늘로부터 오는 빛도 없을 것이다. 그분 자신이 그분의 증거가 되신다. 그분의 손과 발의 못 자국은 그분의 지위와 직분을 나타내는 휘장이다. 그분은 다시 재판에 회부되지 않으실 것이다. 반박하지도 않으실 것이다. 그러나 심판 날 아침이면 사람들이 황혼 속에서 어떤 결정을 했는지 확실히 드러날 것이다.

주님을 따르려는 자들은 그분의 조건들을 수락해야 하다. 주님의 말씀에는 간곡한 호소가 없다. 주님은 강요하지 않으시지만 타협하지도 않으신다. 사람들은 거기에 다른 조건을 붙일 수 없다. 그 말씀에 따를 뿐이다. 많은 사람들이 그분에게서 돌아서는 이유는 그분의 조건을 충족시키고 싶어 하지 않기 때문이다. 주님은 그들을 사랑하시므로 그들이 떠나는 것도 지켜보시지만 결코 양보하지 않으신다. 한 영혼을 타협함으로 왕국으로 들어오게 한다면 그 왕국은 더 이상 안전하지 않을 것이다.

그리스도는 주님이 되시거나 혹은 심판자가 되실 것이다. 모든 사람은 지금 예수님을 주님으로 모실지, 아니면 나중에 심판자로서 그분을 대면할지 결정해야 한다.

제자도의 조건은 무엇인가? 인간을 완전히 아시는 한 분만이 그 조건을 정하실 수 있다. 오직 주님만이 결과의 위험을 무릅쓰고 그런 엄격한 요구들을 제시하실 수 있다.

"자기를 부인하라."

이 말씀을 듣고 제대로 들은 것인지 의심하며 깜짝 놀라는 사람들이 있을 것이다. 주님이 왕국의 문 앞에서 그렇게 가혹한 원칙을 제시하실 수 있단 말인가? 그분은 그럴 수 있고, 또 그렇게 하신다. 주님이 인간을 구원하시려면 인간 자신으로부터 그를 구원하셔야 한다. 인간을 노예로 삼고 부패하게 만든 것은 '그 자신'이다. 구원은 오직 그 자아를 부인함으로써 온다. 자아가 채워놓은 사슬을 자기 힘으로 끊을 수 있는 사람은 없다. 그러나 주님은 영혼을 자유롭게 하는 능력의 원천을 보여주신다.

십자가, 죽음과 생명의 시작점

십자가는 오랜 세월을 거치는 동안 많은 아름다움과 상징성을 갖게 되었지만, 예수님이 말씀하신 십자가 안에는 아름다운 것이 없었다. 그것은 죽음의 수단이었다. 사람들을 죽이는 것이 십자가의 유일한 기능이었다. 사람들이 십자가를 착용한 것이 아니라 십자가가 사람들을 착용했던 것이다. 사람이 못 박힐 때까지 십자가는 벌거벗은 채 서 있다. 산 사람이 기괴한 장식편처럼 십자가의 가슴에 매달려 몸부림치며 신음하다가 결국 죽음으로 잠잠해진다. 그것이 십자가다. 십자가에서 눈물과 피와 고통이 제거되면 그것은 더 이상 십자가가 아니다.

예수님은 우리에게 "자기 십자가를 지라"라고 말씀하셨다. 우리는 죽음으로써 자신으로부터 구원받는 것이다.

해 아래 정말 이상한 것이 십자가 없는 기독교이다. 기독교계의 십자가는 더 이상 십자가가 아니라 교회의 상징이 되었다. 그리스도의 십자가는 죽음의 장소였는데 말이다. 각 사람은 자신이 어떤 십자가를 지고 있는지 유심히 살펴야 한다.

"나를 따를 것이니라."

이제 갈보리에서 돌아온 영혼에게 영광이 나타나기 시작한다. "나를 따르라"라는 것은 초청이자 도전이며 약속이다. 십자가는 생명의 끝이자 생명의 시작이었다. 거기서 끝난 생명은 죄와 노예의 삶이었다. 그리고 거기서 시작된 생명은 거룩함과 영적 자유의 삶이다.

예수님이 "나를 따르라"라고 말씀하시면, 믿음은 밀려드는 빛과 보조를 맞추기 위해 발꿈치를 들고 달린다. 부활하신 주님이 갖고 계신 미래를 위한 계획을 알게 되기 전까지, 우리가 그분의 초청 의도를 모두 알 수는 없다. 사람마다 각자가 꿈꾸는 공정한 세상과 새로운 계시, 구속받은 영혼이 장차 경험할 여정을 마음에 품을 수 있을 뿐이다. 그러나 그리스도를 따르는 사람이라면 누구든지, 결국 주께서 우리의 현실이 꿈을 넘어서게 하심을 알게 될 것이다.

각 사람에게 주어진 십자가가 있다

십자가는 모두 비슷하지만 같은 것은 하나도 없다. 구세주가 견디신 것과 같은 십자가 경험은 그전에도, 후에도 없었다. 그리스도가 겪으신 그 끔찍한 죽음은 인류의 경험상 매우 특별한 것이었다. 십자가가 세상을 위한 생명을 의미하려면 그렇게 되었어야만 했다. 죄를 짊어지는 것, 암흑, 아버지께 버림받는 것은 거룩한 희생을 감당하신 분께 주어진 특별한 고통이었다. 그리스도의 경험과 조금이라도 비슷한 경험을 하고 있다고 주장하는 것은 단순한 잘못이 아니라 신성모독이라 하겠다.

　모든 십자가는 죽음의 도구였고, 지금도 그렇다. 그러나 누구도 다른 사람의 십자가에서 죽을 수 없다. 각 사람은 자신의 십자가 위에서 죽는다. 이런 이유로 예수님은 "날마다 제 십자가를 지고 나를 따를 것이니라"(눅 9:23)라고 말씀하셨다.

그리스도의 십자가는 모든 십자가를 포함하며, 그리스도의 죽음은 모든 죽음을 포함한다고 할 수 있다.

"그리스도의 사랑이 우리를 강권하시는도다 우리가 생각하건대 한 사람이 모든 사람을 대신하여 죽었은즉 모든 사람이 죽은 것이라"(고후 5:14).

"내가 그리스도와 함께 십자가에 못 박혔나니"(갈 2:20).

"그리스도로 말미암아 세상이 나를 대하여 십자가에 못 박히고 내가 또한 세상을 대하여 그러하니라"(갈 6:14).

이것은 하나님이 인류를 구속하실 때 판단하시는 일이다. 그리스도의 몸의 지체로서 그리스도인은 거룩하신 머리와 함께 십자가에 못 박힌다. 하나님 앞에서 모든 참된 신자는 그리스도가 죽으셨을 때 죽은 것으로 간주된다. 개인이 십자가에 못 박힌 후 이어지는 모든 경험은 이렇게 십자가에서 그리스도와 동일시되었기 때문에 가능한 것이다.

실제로 신자가 자신의 십자가에 못 박히는 일은 매일의 삶에서 나타난다.

"날마다 제 십자가를 지라."

그것은 분명 그리스도의 십자가가 아니다. 그것은 신자 자신의 개인적인 십자가이며, 그것에 의해 그리스도의 십자가가 그의 악한 본성을 죽이고 그 본성의 힘에서 그를 자유롭게 해주는 효력을 발휘하게 된다.

신자 자신의 십자가는 그가 자발적으로 취한 것이다. 그의 십자가와 로마의 죄수들이 매달려 죽은 십자가의 차이점이 바로 거기에 있다. 죄수들은 자신의 뜻과 반대로 십자가를 졌지만, 그리스도인은 자신이 그렇게 하기로 선택하기 때문이다.

로마의 어떤 공직자도 십자가를 가리키며 "누구든지 원하면 지게 하라"라고 말하지 않았다. 오직 그리스도만 그렇게 말씀하셨고, 그렇게 말씀하심으로 모든 것을 그리스도인의 손에 맡기셨다. 그는 자기 십자가를 지는 것을 거절할 수도 있고, 일어나 십자가를 지고 컴컴한 언덕을 오르기 시작할 수도 있다. 위대한 성인들과 영적으로 평범한 사람들의 차이는 바로 어떤 선택을 하는지에 달려 있다.

그리스도와 함께 한 걸음씩 나아가 로마의 십자가에 못 박히는 동일한 고난을 겪는 것은 우리 중 누구도 할 수 없는 일이며, 주님이 의도하신 것도 아니다. 주님이 원하시는 것은 우리 각 사람이 자신을 실제로 그리스도와 함께 죽은 자로 여기고, 그 후 순종하는 매일의 삶에서 발견되는 자기 부인과 회개, 겸손과 희생을 기꺼이 받아들이는 것이다. 그것이 그의 십자가이며, 주께서 우리에게 짊어지라고 하신 유일한 십자가이다.

* *The Radical Cross*
Christian Publications, 2005; Moody Publishers, 2015, 재출간.

CHAPTER
09

의를 사랑하고
악을 미워하라

주께서 의를 사랑하시고 불법을 미워하셨으니 히 1:9

1세기의 히브리 그리스도인들을 향한 하나님의 메시지는 정확하고 직접적인 것이었다.

"예수 그리스도께 동기를 부여 받아 의를 사랑하고 악을 미워하라!"

오늘날 우리에게 주어진 영적 의무와 책임들도 다르지 않다. 영원한 하나님의 아들이신 예수님의 인격과 속성들은 변하지 않았고, 앞으로도 변하지 않을 것이다.

"아들에 관하여는 하나님이여 주의 보좌는 영영하며 주의 나라의 규는 공평한 규이니이다 주께서 의를 사랑하시고 불법을 미워하셨으니 그러므로 하나님 곧 주의 하나님이 즐거움의 기름을 주께 부어 주를 동류들보다 뛰어나게 하셨도다 하였고"(히 1:8,9).

세상에 계실 때 예수님의 모습은 몇몇 그림이나 문학 작품 속에 보이는 것처럼 수동적이고 창백하며 줏대 없는 사람의 것이 아니셨다. 주님은 강한 분이셨고, 강인한 의지를 가진 분이셨다. 그분은 자신을 불태우는 강렬한 사랑으로 사랑하실 수 있었다. 또 그릇된 것과 악한 것, 이기적인 것과 죄악된 모든 것에 대해서는 가장 강한 증오심을 품으실 수 있었다.

이런 내 말에 반대하는 사람이 어김없이 있을 것이다.

"저는 예수님을 그런 분으로 믿을 수 없어요. 저는 언제나 미워하는 건 죄라고 생각했으니까요!"

예수님이 세상에 계시는 동안의 기록과 그분의 가르침들을 오래도록 깊이 연구해보라. 그 안에 답이 있다. 하나님의 자녀들이 마땅히 미워해야 할 것을 미워하지 않는 것은 죄다. 우리 주 예수님은 의를 사랑하셨지만 죄악은 미워하셨다.

만일 우리가 헌신되고 성별된 그리스도인이요, 참으로 십자가에 못 박혀 죽으셨다가 부활하신 그리스도의 제자들이라면 반드시 직면해야 하는 것들이 있다. 우리는 부정직한 것을 미워하지 않으면서 정직을 사랑할 수 없다. 불순한 것을 미워하지 않으면서 순결함을 사랑할 수 없다. 거짓과 기만을 미워하지 않으면서 진리를 사랑할 수 없다.

우리가 예수 그리스도께 속한 자라면 예수님이 모든 형태의 악을 미워하신 것처럼 악을 미워해야 한다. 예수 그리스도는 하나님을 대적하는 것을 미워하고 하나님으로 충만한 것을 사랑하셨기에 기름 부음, 즉 즐거움의 기름을 온전히 받으실 수 있었던 것이다.

우리는 선을 사랑하고 악을 미워하는 데 있어 온전하지 못하기 때문에 성령을 온전히 받지 못하는 것이다. 하나님이 우리에게 이를 보류하시는 이유는, 의로운 것을 넘치도록 사랑하시고 악에 대해 순전하고 거룩한 증오를 품으신 예수님을 우리가 따르려 하지 않기 때문이다.

죄를 미워하고, 죄인은 사랑하라

이 질문은 항상 제기된다.

"우리 주 예수 그리스도는 죄인들을 미워하셨는가?"

우리는 그 답을 이미 알고 있다. 그분은 세상을 사랑하셨다. 아마 당신도 예수님이 죄인을 미워하셨다고 생각할 만큼 어리석지는 않을 것이다. 예수님은 결코 죄인을 미워하지 않으셨다. 다만 그 죄인을 지배하는 악과 부패를 미워하셨다. 그분은 교만한 바리새인을 미워하지 않으셨으나, 바리새인의 교만과 독선은 몹시 싫어하셨다. 그분은 간음한 여자를 미워하지 않으셨지만,

그녀를 그렇게 만든 매춘 행위에는 대항하셨다. 예수님은 마귀를 미워하셨고, 그분이 도전하고 쫓아내신 악한 영들을 미워하셨다.

그런데 오늘날의 그리스도인들은, 적어도 보편적으로는, 부드럽고 다정다감한 설교자들의 세대에 의해 잘못된 가르침을 주입받아왔다. 그들은 선한 그리스도인이 되려면 우리가 상냥하게 말하고 기독교의 관용과 이해에 부합하는 모든 것을 받아들일 수 있어야 한다고 믿게 만든다. 그런 사역자들은 결코 열정이나 확신, 헌신과 같은 단어들을 언급하지 않는다. 그들은 "진리를 위해 일어서라"와 같은 문구를 피한다.

나는 헌신된 그리스도인이라면 그리스도의 일에 대해 열정적인 관심을 나타낼 거라고 확신한다. 그는 성경에서 얻은 영적 확신들을 가지고 매일을 살아갈 것이다. 하나님이 주신 겸손을 지니고, 그리스도를 위해 나아가는 가장 강한 사람이 될 것이다. 그런데 왜 그렇게 많은 기독교 사역자들이 크고 압도적인 사랑으로 의를 사랑하며, 깊고 강렬한 혐오로 죄악을 미워하라고 권고하지 않는 것일까?

왜 박해가 사라졌는가?

사람들은 이 나라에서 교회가 특혜를 받고 있다고 말한다. 교회가 박해와 반대에 직면할 일이 없기 때문이다. 하지만 알고 보면, 교회가 박해로부터 자유로운 것은 우리가 쉽고 대중적인 길을 택했기 때문이다. 우리가 의를 너무 사랑함으로 그 열정이 우리를 압도한다면, 또 우리가 악한 것을 모두 버린다면, 사람들에게 인기 있고 즐거운 시대는 곧 끝날 것이다. 세상이 곧 우리를 공격할 테니.

우리는 너무 다정하다! 너무 관대하다! 인기를 끌려고 너무 애쓴다! 죄에 대해 각종 핑계를 대는 데 너무 빠르다! 내가 그리스도인들이 약간 귀찮아할 정도로 자극해서 그들이 하나님을 사랑하고 죄를 미워하게 할 수 있다면 너무나 기쁠 것이다. 어떤 그리스도인이 예수님을 위해 박해를 당하고 있다며 내게 조언을 구한다면, 나는 감동하여 "하나님 감사합니다!"라고 말할 것이다.

밴스 하브너(Vance Havner)는 너무나 많은 사람들이 어떤 것을 위해 일어나야 할 때 도망치고 있다고 말하곤 했다. 하나님의 사람들은 그럴 때 기꺼이 일어나야 한다! 우리는 여러 방식으로 세뇌를 받아왔다. 그래서 그리스도인들조차 부정한 것에 대해 반대의견을 말하기 두려워한다. 우리 영혼의 대적은 기독교가 좀 가벼운 것이 되어야 한다고 우리를 설득한다. 즉 우리가 흥분할 일은 아니라는 것이다.

그리스도인들이여, 우리에게 남은 시간이 얼마 없다. 우리는 이곳에 그리 오래 있지 않을 것이다. 우리의 삼위일체 하나님은 우리에게 세상이 불에 타도 남아 있을 것들에 힘쓰라고 명하신다. 그 불이 모든 사람의 공적의 가치와 질을 결정할 것이기 때문이다.

내가 이런 것들을 당신과 나눈 이유는 즐거운 기름, 즉 성령의 복된 기름 부음이 우리 시대의 교인들 사이로 자유롭게 흘러갈 기회가 없어졌다고 믿기 때문이다. 자랑스럽게 자신을 자유주의자로 분류하는 사람들 사이에서는 그런 영적 움직임을 거의 기대할 수 없다. 그들은 그리스도의 신성과 성경의 영감과 성령의 거룩한 사역들을 거부한다. 어떻게 하나님의 기름이 기쁨의 기름을 믿지 않는 사람들 사이로 흘러가 그들을 축복할 수 있겠는가?

그러나 복음주의적인 신념을 가지고 근본적인 신약성경의 진리와 가르침에 성경적으로 접근하는 우리는 어떠한가? 우리는 하나님의 기름이 우리 주변에 눈에 띄게 흐르지 않는 이유를 스스로에게 물어야 한다. 우리에겐 진리가 있다. 우리는 기름 부음을 믿는다. 그런데 왜 그 기름이 흐르지 않는 것일까?

기쁨의 기름이 차단된 이유

그 이유는 우리가 악에 대해 관대하기 때문이라고 생각한다. 우리는 하나님이 미워하시는 것을 허용한다. 온화하고 상냥한 그리스도인들로 세상에 알려지기 원한다. 우리의 태도는 누구에게도 편협하다는 말을 듣고 싶지 않다는 걸 보여준다. 영적 능력을 얻고 하나님께 은혜를 입는 길은 연약한 타협, 우리가 쉽게 붙잡는 유혹적인 악들을 기꺼이 버리는 것이다. 하나님이 미워하시는 것들로부터 돌아서지 않는다면 그리스도인에게는 어떤 승리나 축복도 주어지지 않는다.

당신의 아내가 그것을 사랑하더라도 그것을 외면하라. 당신의 남편이 그것을 사랑하더라도 그것을 외면하라. 전반적인 사회 계층과 당신이 속한 조직에서 그것이 용인되더라도 그것을 외면하라. 우리 세대 전체가 받아들이게 된 것이라도 그것이 악하고 잘못된 것이며 우리의 거룩하고 의로우신 구세주께 죄를 범하는 것이라면 그로부터 돌아서라.

나는 가능한 한 솔직하고 면밀한 사람이 되려 한다. 나는 헌신적인 하나님의 사람들의 특징이 되어야 할 용기와 기쁨이 우리에게 부족하다는 걸 안다. 그것이 걱정이다. 하나님이 우리에게 부여하신 인간의 의지를 깊이 들여다보면, 모든 그리스도인은 자신의 영적 성취를 위한 열쇠를 쥐고 있다. 만일 그가 기쁘게 성령의 인도를 받기 위한 대가를 치르려 하지 않고, 죄와 악과 그릇된 것을 미워하지 않는다면, 우리 교회 건물을 차라리 숙박업소나 클럽으로 만드는 게 더 나을 것이다.

하나님은 우리를 사랑하는 일을 포기하지 않으셨다. 성령은 여전히 하나님의 신실하신 영이다. 우리 주 예수 그리스도는 하늘에 계신 전능자의 우편에 계시며, 거기서 우리를 대변하시고 우리를 위해 탄원하신다. 하나님은 우리에게 그분에 대한 사랑과 헌신을 지키라고 요구하신다.

심판의 불이 모든 사람의 공적을 시험하는 날이 다가오고 있다. 세상적인 업적을 나타내는 건초와 나무와 그루터기는 다 타서 없어질 것이다. 하나님은 우리가 금과 은과 보석들의 상급을 알기 원하신다.

예수 그리스도를 따르는 것은 중대한 일이다. 천국과 지옥과 다가올 심판에 대해 가볍게 생각하지 말자!

* *Jesus, Our Man in Glory*
Christian Publications, 1987; WingSpread Publishers, 2009, 재출간.

CHAPTER
10

거룩한 자가 되라

오직 너희를 부르신 거룩한 이처럼 너희도 모든 행실에

거룩한 자가 되라 기록되었으되 내가 거룩하니

너희도 거룩할지어다 하셨느니라 벧전 1:15,16

당신이 부지런히, 진심으로 성경을 공부한다면 개인의 거룩함의 문제가 하나님께 매우 중요하다는 명백한 사실에 감동을 받지 않을 수 없을 것이다! 또한 오래 연구하지 않아도 오늘날의 기독교 신자들이 대체적으로 참된 그리스도인의 거룩함의 표현을 단지 개인적인 선택의 문제로 간주한다는 것을 알 수 있다. 마치 "그것을 대충 살펴보고 생각해봤는데, 난 그것을 사지 않겠다!"라고 말하는 듯하다.

나는 언제나 '명령'보다 '권고'라는 단어를 더 좋아했다. 따라서 베드로가 모든 그리스도인에게 삶과 대화의 거룩함에 대해 강력하게 권고했다는 사실을 상기시키고 싶다. 그는 분명히 두 가지 중요한 사실에 근거하여 이 권고를 했다. 첫째는 하나님의 성품이고, 둘째는 하나님의 명령이다.

그의 주장은 너무 단순해서 지식과 교양이 있다고 여기는 사람은 오히려 그것에 걸려 넘어지기도 한다. 그것은 곧 하나님 자신이 거룩하시니 하나님의 자녀들도 거룩해야 한다는 것이다!

우리는 베드로가 사도였다는 것, 그리고 지금 우리가 보고 있는 사도의 명령에 힘이 있다는 사실을 너무 쉽게 간과한다. 그 명령은 하나님의 인격과 성품에 관한 구약성경의 진리와 완전히 일치하고, 또 예수님이 그분의 제자들과 추종자들에게 가르치시고 계시해주신 것과도 일치한다.

개인적으로 나는 사도적 그리스도인이라고 주장하는 우리가 그런 사도의 명령들을 무시할 특권을 갖고 있지 않다고 생각한다. 우리는 "너희도 거룩할지니라"라는 이 명령을 감히 무시할 수 없다는 뜻이다. 그것이 사도의 말이기 때문에, 우리는 어떤 식으로든 그것을 다루어야 하며 일부 그리스도인들이 하듯이 그것을 무시해선 안 된다.

물론 아무도 이 문제에 있어서 우리에게 선택권을 주지 않았다. 누가 우리에게 성경을 들여다보며 "좀 더 생각해보고 마음에 들면 사겠습니다"라고 말할 권리나 특권을 주었는가?

어떤 성경 교리가 마음에 들지 않으면 그것을 사지 않기로 선택해도 괜찮을 거라고 추측한다면, 우리의 신앙과 영성에 근본적으로 문제가 있는 것이다.

우리가 주님으로부터, 혹은 사도들로부터 받은 명령들은 성실하고 헌신된 그리스도인들이 간과하거나 무시할 수 없는 것이다. 하나님은 우리 자신의 판단의 저울로 우리를 향한 하나님의 갈망과 명령들의 무게를 잰 다음, 우리가 그것들에 대해 무엇을 하기 원하는지 결정해야 한다고 가르치지 않으셨다.

당신의 선택이 중요하다

어떤 그리스도인들은 이렇게 말할 것이다.

"나는 진정한 그리스도인의 자유가 있는 곳을 알아냈다. 그러니 그런 말들은 내게 적용되지 않는다."

물론 당신은 그것을 버릴 수 있다! 하나님은 우리 모두에게 스스로 선택할 수 있는 능력을 주셨다. 나는 우리가 이 멍에를 메기 위해 억지로 목을 구부리거나 그것을 우리 자신에게 적용할 필요가 없다고 말하는 것이 아니다. 우리가 원치 않는다면 그것으로부터 등을 돌릴 수 있는 것이 사실이다.

신약성경의 기록은 이 점에 있어 명백하다. 즉 많은 사람들이 한동안 예수님을 따르다가 그분을 떠났다. 한번은 예수님이 제자들에게 이렇게 말씀하셨다.

"인자의 살을 먹지 아니하고 인자의 피를 마시지 아니하면 너희 속에 생명이 없느니라"(요 6:53).

그러자 많은 사람들이 서로를 쳐다보다가 예수님을 떠났다. 예수님은 남은 자들을 바라보시며 "너희도 가려느냐?"라고 물으셨다. 이때 베드로가 한 대답은 지금 나의 대답과도 같다.

"주여 영생의 말씀이 주께 있사오니 우리가 누구에게로 가오리이까"(요 6:68).

그것은 참으로 사랑과 헌신에서 탄생한 지혜로운 말이었다.

우리는 신앙생활에서 순종을 강요받지는 않지만, 영적 성숙의 여러 지점에서 선택을 강요받는다. 우리 안에는 하나님의 명령을 거절할 수 있는 힘이 있다. 그러나 우리가 달리 어디로 가겠는가? 만일 우리가 그분의 말씀을 거부한다면 어느 길로 향할 것인가? 우리가 하나님의 말씀의 권위를 외면한다면 누구의 권위에 굴복하겠는가? 우리의 잘못은 대체로 다른 인간을 의지하는 것, 즉 코로 숨을 쉬는 사람에게 의존하는 것이다.

거룩함이란 무엇인가

나는 하나님의 말씀과 그 말씀의 권위에 대해 구식 사고방식을 갖고 있다. 만일 우리가 그것을 무시하거나 이 계명을 선택적인 것으로 간주한다면 우리의 영혼을 위험에 빠뜨리고 스스로 엄격한 심판을 자초하는 거라고 믿는다.

나는 거룩함의 문제가 하나님께 매우 중요한 것이라고 말했다. 성경에는 '거룩'(holiness)이라는 단어가 650회나 나온다고 한다. 영어로 비슷한 의미를 가진 단어들을 세지 않음에도 말이다. 이를 테면 '성화하다'(sanctify)와 '성화된'(sanctified) 같은 단어들이다. 아마도 유사한 의미를 가진 이런 단어들까지 포함시키면 천 번 가까이 나올 것이다.

이 '거룩한'(holy)이라는 단어는 천사들의 성품, 천국의 본질과 하나님의 성품을 묘사하는 데 사용된다. 천사들은 거룩하며, 인간의 모습을 내려다보는 그 천사들은 순찰자, 거룩한 자들로 불린다고 기록되어 있다.

천국은 부정한 것이 들어올 수 없는 거룩한 곳이다. 하나님은 자신을 '거룩한'이라는 형용사로 묘사하신다. 거룩한 영, 거룩한 주, 거룩하고 전능하신 주 하나님. 이 단어들은 성경 전체에 걸쳐 하나님을 나타내는 데 사용되며, 하나님을 나타낼 수 있는 가장 고귀한 속성이 바로 거룩함이고, 또 하늘의 천사들도 하나님의 거룩함을 함께 지니고 있음을 보여준다.

또한 성경에는 거룩함의 부재가 하나님을 보지 못하는 원인으로 제시된다. 우리는 "거룩함을 따르라 이것이 없이는 아무도 주를 보지 못하리라"(히 12:14)라는 본문에 대한 터무니없는 해석들을 알고 있다. 나의 입장은 이렇다. 즉, 나는 단지 일부 사람들이 거룩함에 대한 자기들만의 독특한 이론을 뒷받침하기 위해 이 성경 본문을 남용해왔다는 이유로 이 본문을 버리지 않을 것이다. 이 본문은 의미가 있다. 또한 우리가 그 말씀의 의미가 무엇이며 어떻게 그 조건들을 만족시킬 것인지 알게 될 때까지 그 본문을 우리를 불안하게 만든다.

'거룩함'이란 단어는 실제로 무엇을 의미하는가? 그것은 많은 사람들이 기피해온 부정적인 형태의 독실함인가? 아니다. 당연히 그렇지 않다! 성경에서 거룩함은 도덕적 온전함을 의미한다. 즉 온유함과 자비, 순결, 도덕적 결백과 경건을 포함하는 긍정적인 자질이다. 거룩함은 언제나 긍정적이고 청렴하다.

하나님이 거룩하시다고 기록될 때마다 그것은 하나님이 친절하시고 자비로우시며 순결하시고 청렴함과 거룩함에 있어 나무랄 데가 없으시다는 뜻이다. 그 말이 사람들에 대해 사용될 때는 하나님께 사용될 때처럼 절대적인 거룩함을 의미하진 않는다. 그러나 여전히 부정적인 것이 아니라 긍정적인 거룩함의 강도를 나타낸다.

참된 성경의 거룩함이 긍정적인 이유는 여기에 있다. 즉 거룩한 사람은 믿을 수 있다. 거룩한 사람은 시험을 견딜 수 있다. 부정적인 경건의 기준, 다른 사람들이 만든 공식에 따라 살려고 하는 사람들은 자신들의 경건함이 힘든 시험의 때에 견디지 못한다는 걸 알게 될 것이다. 진정한 거룩함은 두려움 없이 시험을 견딜 수 있다. 거룩함이 무너질 때마다 그것은 먼저 진정한 거룩함이 없었다는 증거이다.

　나는 개인적으로 교회사에서 가장 위대한 영혼들로 간주되는 겸손한 하나님의 사람들의 증언과 논평들을 읽고 정말 마음속 깊이 충격을 받았다. 본래 히브리어로 쓰인 '거룩함'이라는 단어와 그 개념이 무엇보다 도덕적 의미를 내포하고 있지 않았다는 사실을 알게 되었기 때문이다. 그것은 하나님이 다른 무엇과 비교해서 더 순결하셨다는 것을 의미하지 않는다. 왜냐하면 그것은 당연시되었기 때문이다! '거룩한'이라는 단어의 본래 어원은 뭔가 초월적이고, 신기하고 신비로우며 경외심을 불러일으키는 것을 나타냈다.

　하나님의 거룩하심을 생각할 때 우리는 하늘에 속한 것, 경외심이 가득한 것, 신비롭고 두려움을 일으키는 것에 대해 이야기한다. 이것이 하나님과 관련될 때는 가장 높은 것이지만 하나님의 사람들 안에서도 나타나며, 그들이 하나님을 닮아갈수록 더욱 깊어진다. 그것은 다른 세계에 대한 인식이며, 일부 사람들이 갖게 된 신비로운 특성이자 다른 점이다. 그것이 곧 거룩함이다.

거룩을 추구하라

만일 어떤 사람이 그런 의식을 갖고도 도덕적으로 바르지 않다면 나는 그가 마귀의 위조를 경험하고 있다고 말할 것이다. 사탄은 매우 심각하게 진리를 두려워할 이유가 있을 때마다 위조

품을 만들어낸다. 그는 그 진리를 나쁜 모습으로 나타내어, 그 진리에 순종하기를 가장 간절히 원하는 사람들이 두려워서 도 망치게 만들려 할 것이다. 사탄은 매우 교활하고, 그가 가장 두 려워하는 진리의 패러디를 만드는 데 매우 능숙하다. 그러고 나 서 그의 패러디를 진짜처럼 속여서 진지한 성도들이 곧 겁을 먹 고 떠나게 만든다.

유감스럽지만 '거룩함'을 자신에게 사용하는 사람들은 그 교 리가 하나의 공식으로 굳어지는 걸 허용했고, 그것은 회개의 장 애물이 되었다. 왜냐하면 이 교리는 경박함과 탐욕스러움, 교만 과 세상적인 마음을 감추기 위해 이용되었기 때문이다. 나는 그 로 인한 결과들을 보았다. 거룩함을 주장하면서도 이기적이고 자만하는 삶을 사는 사람들 때문에 진지하고 정직한 사람들이 거룩함이라는 개념에서 전체적으로 등을 돌렸다.

그러나 우리는 여전히 사도적 명령의 거룩한 권위 아래 있다. 하나님의 사람들은 말씀 속에서 우리가 거룩한 하나님의 자녀 이기 때문에 하나님이 우리에게 거룩한 사람들이 되도록 요구하 고 기대하신다는 걸 상기시킨다. 거룩함의 교리는 종종 심하게 상처를 입었을 것이다. 그러나 하나님의 순결하고 온화하며 사 랑이신 성령에 의한 하나님의 공급은 하나님을 기쁘시게 하는 삶과 영에 대해 갈급함을 느끼는 사람들에게 여전히 긍정적인 답이다.

이 특별한 자질과 신비로운 하나님의 임재를 겸비한 선한 사람이 도덕적으로 올바르고 하나님의 거룩한 길로 행하며, 자기도 모르게 이 세상의 왕국들보다 훨씬 더 뛰어난 왕국의 향기를 풍길 때, 나는 그것을 하나님의 존재이자 하나님으로부터 오는 것으로 받아들일 준비가 되어 있다!

거룩함을 보다

모세가 산에서 내려왔을 때 이런 특성과 자질들을 갖고 있었다는 것을 기억하라. 그는 40일 밤낮을 거기서 하나님과 함께 있었다. 그가 돌아왔을 때 모든 사람이 그가 어디에 있다 왔는지 알 수 있었다. 여전히 그의 얼굴에서 빛이 났고, 하나님의 임재의 영광이 남아 있었던 것이다. 사람들이 정확히 이해하거나 밝힐 수 없는 이상한 것이 거기에 있었다.

나는 거룩한 임재의 이 신비로운 특성이 우리 시대에 거의 사라져버린 것을 한탄한다. 신학자들은 오래전에 그것을 신령한 것으로 언급했다. 즉 의로움 이상의 무언가가 넘치는 것을 의미하며, 두렵고 경외심을 일으키며 경이로운 천상의 의미에서 의로운 것이다. 마치 신비로운 불로 밝게 빛나는 것 같다.

나는 이 후자의 특성이 거의 사라졌다고 말했고, 그 이유가 매우 명백하다고 생각한다. 우리는 자신의 생각대로 하나님을 축소시켜버린 사람들이다. 우리는 지금 교회가 복음을 비방하고 사람들에게 예수님을 '팔고' 있다는 말을 듣는다! 우리는 여전히 의에 대해 이야기하지만, 그 빛나는 자질, 말로 표현할 수 없는 신령함이 결핍되어 있다.

구약성경에서 이 신비한 불이 떨기나무 가운데 붙었던 것을 기억할 것이다. 작은 불은 더 번져서 통제 불능 상태가 되지 않는 한 사람들을 두렵게 만들지 않는다. 우리는 그런 의미에서 불을 두려워하지 않는다. 그러나 작은 불이 타오르던 떨기나무 옆에 무릎을 꿇고 있던 모세가 두려워서 자기 얼굴을 가린 것을 본다! 그는 그 신비로운 특성을 접한 것이다. 그 임재 안에서 그는 경외심으로 가득했다.

나중에 홀로 산에 있을 때 나팔소리가 들리자 모세는 고개를 흔들며 "내가 심히 두렵고 떨린다"(히 12:21)라고 말했다. 우리는 이스라엘 위에 임한 그 쉐키나에 거듭 마음이 끌린다. 그것은 하나님의 임재의 거룩함을 압축해서 보여주기 때문이다. 낮에는 구름기둥이 분명하게 보였다. 그것은 신비로운 구름으로, 수증기로 만들어진 것이 아니었고 어디에도 그림자를 드리우지 않는 신기한 것이었다. 낮의 빛이 점차 희미해지기 시작하면 그 구름은 더 밝아지기 시작했고, 어둠이 내려앉으면 이스라엘 위에 머물러 있는 거대한 불빛처럼 밝게 빛났다. 마름모형의 진영에 있던 모든 장막이 그 위에 머무는 신기한 쉐키나에 의해 완전히 환해졌다. 아무도 그 불을 피우지 않았다. 아무도 연료를 더 넣지 않았고, 불을 때거나 제어하지도 않았다. 스스로 인간의 눈의 한계범위 안에 들어오시고 이스라엘 위에 빛을 비추신 분은 하나님이셨다.

나는 어느 어머니가 어린아이의 손을 잡고 그 진영을 통과해 걸어가는 모습을 상상해볼 수 있다. 분명 그녀는 무릎을 꿇고 앉아 그 작은 친구에게 속삭일 것이다.

"너에게 놀라운 것을 보여주고 싶어. 봐, 저기 봐!"

아이는 이렇게 대답했을 것이다.

"저게 뭔데요, 엄마?"

그녀는 숨죽인 목소리로 말할 것이다.

"하나님. 하나님이 저기 계셔! 우리의 지도자 모세는 떨기나무 안에서 그 불을 봤어. 나중에 산에서도 그 불을 봤지. 우리가 애굽을 떠난 후로 하나님의 불은 우리를 따라왔고, 내내 우리 위에 맴돌고 있었어."

"하지만 하나님인지 어떻게 알아요, 엄마?"

"그 불 속의 존재, 신비로운 존재 때문이지."

이 쉐키나, 이 존재는 이스라엘에게 너무나 당연한 것이었다. 공경과 경외심의 의미를 함축하고 있었고, 엄숙하고 영감을 주며 놀랍고 영광스러운 것을 나타냈다. 이 모든 것이 성전에 있었던 것처럼 그곳에 있었다.

거룩한 임재의 경험

그 임재는 오순절에 다시 나타났다. 똑같은 불이 각 사람 위에 임한 것이다. 또한 그 불은 무형의 가시성을 가지고 그들에게 임했다. 만일 그때 카메라가 있었다 해도 그 불의 혀들이 사진으로 찍혔을 거라고는 생각하지 않는다. 하지만 그것은 분명 거기에 있었다. 그것은 이 거룩한 요소 안에, 혹은 그 요소에 둘러싸인 존재의 감각이었다. 예루살렘에서 그리스도인들이 솔로몬의 행각에 모여 있을 때 그 존재 감각이 매우 강력했기에, 늑대들이 밝은 모닥불을 피하듯이 사람들이 그들을 멀리하고 피했다. 그들은 지켜보고 있었으나 성경은 "그 나머지는 감히 그들과 상종하는 사람이 없었다"라고 말한다(행 5:13).

왜일까? 어떤 금지나 제한 때문에 망설였던 것일까? 아무도 이 기도하는 사람들, 겸손하고 악의가 없으며 깨끗하고 순결한 사람들에게 가까이 다가가지 말라는 경고를 받은 적이 없었다. 그러나 그들은 다가갈 수 없었다. 뛰어 들어가 그곳을 짓밟을 수 없었다. 그들이 솔로몬의 행각에서 멀리 떨어져 있었던 것은 이 믿는 자들의 모임 안에서 거룩한 특성, 신비롭고 거룩한 분의 임재를 느꼈기 때문이다.

나중에 바울은 신비로운 하나님의 성령 충만을 설명하기 위해 고린도의 그리스도인들에게 쓴 편지에서 이렇게 말했다.

"너희가 함께 모여 하나님의 말씀을 듣고 순종할 때 그런 하나님의 임재 감각이 나타난다는 걸 알아라. 그래서 믿지 않는 자들이 엎드러지고, 나가서 하나님이 참으로 너희와 함께하신다고 말한다."

모든 거룩함이 하나님으로부터 나오듯이 그러한 임재는 하나님으로부터 나온다. 우리가 그리스도 안에서 성령에 의해 바람직한 사람이 된다면, 우리의 삶 전체가 좀 더 하나님을 닮고 그리스도를 닮아가고 있다면, 그 거룩하고 신비로운 속성과 하나님의 임재가 우리에게 나타날 거라고 믿는다.

나는 이 거룩한 빛이 임한 것처럼 보이는 하나님의 성도들을 몇몇 만나 보았다. 하지만 그들은 마음이 겸손하고 온유했기 때문에 그것을 알지 못했다. 나는 그들과 나눈 교제가 그동안 받은 모든 가르침보다 더 의미가 있었음을 고백한다. 나는 그동안 만났던 모든 성경 교사들에게 정말 깊이 감사드린다. 하지만 그들은 나의 머리에 지식을 가르쳐주었을 뿐이다. 내가 아는 형제들 중에 이런 신기하고 신비로운 속성과 하나님의 인격과 임재 의식을 가진 사람들은 나의 가슴에 깊은 교훈을 안겨주었다.

우리가 하나님 안에서 한 형제에 대해 "그는 참으로 하나님의 사람이다"라고 말할 수 있는 것이 얼마나 은혜로운 일인지 아는가? 그는 우리에게 그렇게 말할 필요가 없다. 다만 날마다 이 신비하고 경외심을 일으키는 임재를 느끼며, 확신을 갖고 조용히 산다. 그 감각은 세상의 모든 유창한 말들보다 더 의미가 있다!

사실 나는 모든 다변가들이 두렵다. 언제나 성경을 펼쳐 모든 질문에 답을 할 수 있는 사람들이 두렵다. 그들은 너무 많이 알고 있다! 나는 그 모든 것을 생각해내고 많은 경구를 인용할 수 있는 사람들, 수년 동안 영적인 모든 것을 해결하기 위해 그들이 생각해낸 해답들이 두렵다.

모든 인간의 말보다 더 호소력을 가질 수 있는 침묵이 있다. 때로는 혼란스러운 얼굴과 머리를 숙이는 것이 가장 유창한 설교자가 전할 수 있는 것보다 더 많은 신령한 진리를 말해준다.

경험한 자만이 알 수 있다

베드로는 "내가 거룩하니 너희도 거룩할지어다"라고 말씀하신 분이 주님이심을 우리에게 상기시켜준다.

첫째, 당신의 삶을 도덕적으로 정렬하여 하나님이 그 삶을 거룩하게 만드실 수 있게 하라. 그다음에 당신의 영적인 삶을 정렬하여 하나님이 성령과 함께 당신에게 임하시게 하라. 즉 놀랍고 신비로우며 거룩하신 이의 속성을 가지고 임하시게 하라.

당신은 그것을 양성하지 않으며 심지어 그것을 모른다. 그러나 그것은 존재한다. 오늘날의 교회에는 바로 이 속성이 결핍되어 있다. 나는 언제나 우리가 삶 속에서 하나님의 지식과 임재를 갈망하기 바란다. 그래서 인간적으로 노력하고 힘들게 찾지 않아도 우리의 증언에 의미를 부여하는 이 능력이 우리에게 임하기를! 그것은 달콤하고 찬란한 향기이며, 어떤 교회에서는 그것이 아주 강하게 느껴질 것이다.

여기서 잠시 멈추어보자. 누군가가 내게 이렇게 물을 것 같으니 말이다.

"당신은 당신의 감정을 따르지 않습니까?"

나는 감정의 문제를 묵살하려는 것이 아니다. 이 말이 그만한 가치가 있다면, 내가 그렇게 말했다고 전해도 좋다. 감정은 지식의 기관이며, 나는 그렇게 말하기를 주저하지 않겠다.

여기서 한 걸음 더 나아가기 위해 당신에게 질문하고 싶다.

"당신은 사랑이라는 단어를 한마디로 정의할 수 있는가?"

나는 당신이 실제로 사랑을 정의할 수 있다고 생각하지 않는다. 당신은 사랑을 묘사할 수 있지만 정의할 수는 없을 것이다. '사랑'이라는 말을 들어본 적도 없는 사람이 있다면, 혹은 그런 사람들이 모인 그룹이 갑자기 사전에 나온 사랑의 정의를 모두 암기한다 할지라도 사랑이 무엇인지 제대로 이해할 수는 없을 것이다.

그러나 귀가 크고 헝클어진 붉은 머리카락에 주근깨투성이인 어느 소년이 처음 사랑에 빠져서 그 사랑의 감정이 그의 존재의 모든 부분에 스며들 때, 그에게 무슨 일이 일어날지 생각해보라. 갑자기 그는 사랑에 대하여, 모든 사전을 합해놓은 것보다 더 많은 것을 알게 된다!

이것이 바로 내가 말하는 것이다. 즉 사랑은 오직 사랑의 감정에 의해서만 이해될 수 있다. 햇볕의 따스함도 마찬가지다. 감정이 없는 사람에게 "참 따뜻한 날입니다"라고 말하면, 그는 당신이 하는 말을 이해하지 못할 것이다. 그러나 밖에서 따뜻한 햇볕을 쬐고 있는 사람에게 말하면, 그는 곧 날씨가 따뜻하다는 걸 인지할 것이다. 당신은 묘사보다 느낌으로 햇볕에 대해 더 많은 것을 알 수 있다.

그러므로 하나님 안에는 지식으로 설명할 수 없고 오직 마음으로만 알 수 있는 속성들이 있다. 내가 감정을 믿는다고 말하는 이유가 거기에 있다. 나는 옛 작가들이 '신앙의 정서'라고 부른 것을 믿는다. 우리가 그것을 거의 갖지 못한 이유는 그것을 위한 기반을 쌓아두지 않았기 때문이다. 그 기반은 바로 회개와 순종과 성별과 거룩한 삶이다!

나는 이 기반이 쌓일 때마다 이 초월적인 하나님의 임재의 감각이 우리에게 생길 것이며, 그것이 정말 놀라울 만큼 실제적이 될 거라고 확신한다.

때때로 우리의 기도에서 "하나님, 감정적으로 제게 가까이 다가와주소서"라는 표현을 듣는다. 나는 그것이 너무 멀리 갔다고 생각하지 않는다. 오직 뒤로 물러나 비판할 줄만 아는 사람들이라 하더라도 말이다.

"오, 하나님, 감정적으로 제게 가까이 다가와주소서!"

하나님은 떨기나무 속에서, 산 위에서 모세에게 감정적으로 가까이 다가오셨다. 그분은 오순절날 교회에 감정적으로 가까이 다가오셨고, 불신자들이 두려움에 사로잡혀 물러가며 "하나님이 정말로 그들 가운데 계신다!"라고 보고했을 때 그 고린도 교회에 감정적으로 가까이 다가가셨다.

나는 이 시대에도 이것이 필요하다고 겸손하게 고백한다.

* *Tozer Speaks,* Volume 2

행동하는
믿음

행함이 없는 믿음이 헛것인 줄을 알고자 하느냐 약 2:20

만일 우리가 행동보다 말을 앞세울 수 없게 만들어졌다면 정말 편할 것이다. 그러나 하나님만 아시는 이유로, 우리의 말과 행동 간에는 필연적 연관성이 없어 보인다. 그리고 신앙생활에서 가장 치명적인 덫 중 하나가 여기에 있다.

나는 오늘날의 그리스도인들이 말만 길게 하고 행동은 짧게 할까 봐 두렵다. 우리는 강한 언어를 사용하지만 우리의 행위는 연약하다. 우리 주님과 그분의 사도들은 말보다는 행동을 길게 했다. 복음서는 행함으로 능력을 나타내시는 분을 묘사한다.

"그가 두루 다니시며 선한 일을 행하시고 마귀에게 눌린 모든 사람을 고치셨으니 이는 하나님이 함께하셨음이라"(행 10:38).

말과 행위의 도덕적 연관성은 그리스도의 삶과 가르침 속에서 매우 분명하게 나타난다. 그분은 말하기 전에 행동하셨고, 행동이 말에 타당성을 부여했다.

누가는 "무릇 예수께서 행하시며 가르치시기를 시작하심"(행 1:1)에 대해 기록하였고, 거기에 나타난 순서가 우연이 아니라고 확신한다. 산상설교에서 그리스도는 행함을 가르침보다 앞에 두셨다.

"그러므로 누구든지 이 계명 중의 지극히 작은 것 하나라도 버리고 또 그같이 사람을 가르치는 자는 천국에서 지극히 작다 일컬음을 받을 것이요 누구든지 이를 행하며 가르치는 자는 천국에서 크다 일컬음을 받으리라"(마 5:19).

말은 쉽다

어떤 면에서 신앙은 보이지 않는 것을 깊이 생각하기 때문에 잘못하면 비현실적인 것을 깊이 생각할 수 있다. 기도하는 사람은 자기가 보지 못하는 것에 대해 말하고, 타락한 사람의 마음은 눈에 보이지 않는 것은 크게 중요하지 않으며, 사실 알고 보면 진짜가 아닐 수도 있다고 추정하는 경향이 있다. 따라서 신앙은 실제 삶과 멀어지며 비현실적인 상상의 영역으로 후퇴한다. 거기에는 실체가 없는 것들, 모든 사람이 실제로 존재하지 않는 것을 알면서도 공공연하게 부정할 용기가 없는 것들이 거주한다.

나는 이것이 이단 종교들과 보통 사람들의 모호하고 불분명한 유사 종교에만 해당되길 바란다. 하지만 솔직히 우리 시대에 복음주의 기독교로 통하는 많은 것들에도 해당된다는 걸 인정할 수밖에 없다. 실제로 평범한 그리스도인의 하나님보다 이교도의 신들이 그들에게 더 실제적일 수 있다. 하나님을 있는 그대로 믿지 않는 세련된 그리스도인이 되느니 차라리 존재하지 않는 신을 믿는 진실된 이교도가 되겠다는 취지의 발언을 한 시인 워즈워스(Wordsworth)의 마음에 공감한다.

확실히 세상에서 교회만큼 말이 많고 행함은 적은 기관도 없다. 그렇게 작은 완제품을 생산하기 위해 많은 원료를 필요로 하는 공장이 있다면 6개월 안에 파산할 것이다. 나는 주일에 어느 평범한 미국 마을의 교회들에서 드려지는 기도의 0.1퍼센트만 응답이 되어도 하룻밤사이에 온 나라가 변화될 거라는 생각을 종종 했다. 그러나 그것은 우리의 문제다.

우리는 무수히 많은 말들을 쏟아낼 뿐, 그 기도들이 응답되지 않는 것에는 절대 주목하지 않는다. 우리는 기도가 응답될 거라고 기대하지 않을 뿐만 아니라 만약 응답이 되면 당황하거나 심지어 실망할 거라고 말해도 무방하다고 믿는다. 나는 그리스도인들이 이루어지지 않을 것을 알면서 하나님께 유창한 탄원을 하는 것이 드문 일이 아니라고 생각한다. 그중 어떤 간구는 앞으로 그것에 대해 다시 들을 일이 없다는 걸 알기 때문에 하는 것이다. 장황한 기도를 드리는 많은 형제들이 하나님께서 그것을 진지하게 받아들이신다는 암시가 있으면 재빨리 간구를 중단할 것이다.

우리는 신앙생활에서 행동의 대가가 너무 크기 때문에 말에만 만족하다. "주여, 제가 매일 저의 십자가를 지도록 도와주소서"라고 기도하는 것이 실제로 십자가를 지고 가는 것보다 훨씬 더 쉽다. 그러나 실제로 할 마음이 없는 일을 하도록 도와달라고 간청만 하는 것은 어느 정도 종교적인 위안이 되기 때문에 우리는 말을 반복하는 것으로 만족한다.

말로 행동을 대신하는 습관은 새로운 것이 아니다. 사도 요한은 그의 시대에 그런 조짐을 보고 이렇게 경고했다.

"자녀들아 우리가 말과 혀로만 사랑하지 말고 행함과 진실함으로 하자 이로써 우리가 진리에 속한 줄을 알고 또 우리 마음을 주 앞에서 굳세게 하리니"(요일 3:18,19).

야고보는 또한 행함이 없는 말의 악함에 대해 이야기했다.

"만일 형제나 자매가 헐벗고 일용할 양식이 없는데 너희 중에 누구든지 그에게 이르되 평안히 가라, 덥게 하라, 배부르게 하라 하며 그 몸에 쓸 것을 주지 아니하면 무슨 유익이 있으리요"(약 2:15,16).

그렇다면 우리는 침묵의 서약을 할 것인가? 행동이 따를 때까

지 기도와 찬양과 글쓰기와 증언을 멈출 것인가? 아니다. 그것
은 도움이 되지 않을 것이다. 우리 그리스도인들은 증인이 되기
위해 세상에 남겨졌다. 우리에게 숨이 붙어 있는 한 사람들에게
하나님에 대해 말하고, 하나님께 사람들에 대해 말해야 한다.
그렇다면 어떻게 행함 없는 말의 덫을 피할 것인가?

　그것이 쉽지는 않지만 어렵지도 않다. 첫째, 마음에 없는 말은
하지 말자. 신앙에 관한 상투적인 잡담을 나누는 습관을 버리
자. 오직 결과에 대해 책임을 질 준비가 되어 있을 때만 말하라.
하나님의 약속들을 믿고 그분의 계명에 순종하라. 진리를 행하
면 진리를 바르게 말하게 될 것이다. 행동은 말을 구체화한다.
우리가 행동으로 능력을 나타낼 때 우리의 말이 권위를 갖게 될
것이며, 새로운 현실 감각이 우리의 마음을 가득 채울 것이다.

닮는 만큼 행하게 된다

기독교 신앙의 가장 큰 목적은 사람들이 하나님과 같이 행동
하기 위해 하나님을 닮게 만드는 것이다. 그리스도 안에서 '되
다'(to be)와 '하다'(to do)라는 동사는 그 순서로 서로를 따른
다. 참된 신앙은 도덕적인 행동으로 이어진다. 유일하게 참된 그
리스도인은 행동하는 그리스도인이다. 그리스도가 육신을 입은
하나님이시듯 그런 사람은 실제로 육신을 입은 그리스도이다.
물론 그 정도가 같거나 완벽하진 않다. 인간 예수 그리스도의

인격 안에서 하나님과 인간을 영원히 결합시킨 그 어마어마한 경건의 신비와 같은 것이 도덕적 세계 안에는 없기 때문이다. 그러나 하나님의 충만함이 그리스도 안에 있었고 지금도 있듯이, 그리스도는 성경에 나온 대로 그분을 믿는 자들의 본성 안에 계신다.

하나님은 어디에 계시든, 무엇을 하시든 간에 언제나 그분 자신답게 행하신다. 하나님이 육신이 되어 우리 가운데 거하실 때 그분은 영원 전부터 행하시던 대로 계속 행하셨다.

"그분은 신성을 가리셨으나 버리지는 않으셨다."

그리스도는 자신의 능력을 억누르셨으나 자신의 거룩함을 훼손하지는 않으셨다. 무엇을 하시든지 그분은 거룩하고 악의가 없으셨으며, 죄인들과 분리되셨고, 가장 높은 하늘보다 더 높이 계셨다.

영원한 세상에서 하나님은 그 자신답게 행하셨고, 인간의 육신을 입고 오셨을 때도 여전히 모든 행동이 그분의 거룩하심에 충실했던 것처럼, 믿는 자의 본성 안으로 들어오실 때도 그러하시다. 이것은 하나님께서 구속하신 사람을 거룩하게 만드시는 방법이다. 하나님은 성육신하실 때 인간의 본성 안에 들어오셨던 것처럼 인간이 거듭날 때 인간의 본성 안에 들어오시며, 그 본성을 자신의 도덕적 완전함을 나타내는 도구로 사용하시면서 하나님께 어울리는 행동을 하신다.

행동하는 신앙으로 성장하라

로마의 웅변가였던 키케로(Cicero)는 한때 자신의 청중들에게 철학이 행동을 낳게 하는 대신 철학이 행동을 대신하게 만들 위험에 처했다고 경고했다. 철학에 대해 사실인 것은 종교에 대해서도 사실이다. 그리스도에 대한 믿음은 결코 그 자체가 목적이 되거나 다른 것을 대신하기 위한 것이 되어서는 안 된다.

몇몇 교사들은 믿음이 도덕적 행동을 대신하며, 하나님을 추구하는 모든 사람은 그 둘 사이에서 하나를 선택해야 한다고 생각한다.

여기서 우리는 잘 알려진 이분법을 접하게 된다. 즉 우리는 믿음과 행위 중 하나를 취해야 하며, 행위는 우리를 지옥에 빠뜨리지만 믿음은 우리를 구원한다는 것이다. 따라서 오늘날의 복음주의에서는 믿음을 엄청나게 강조하고 개인의 거룩함을 다루는 교리에 대해서는 고상한 척하며 양해를 구하듯이 다가간다. 이 잘못은 교회의 도덕적 기준을 낮추었고, 우리가 현재 처한 황무지로 들어가게 하는 데 일조했다.

그러나 믿음은 도덕적 행위를 대신하는 것이 아니라 그것을 향해 가는 수단이다. 나무는 열매를 대신하는 것이 아니라, 열매가 열리게 하는 매개체 역할을 한다. 저기 보이는 과수원에서 하나님이 마음에 두고 계신 것은 나무가 아니라 열매이다. 그와 같이 그리스도를 닮은 행동은 기독교 신앙의 목적이다. 믿음과 행위를 대립시키는 것은 열매를 나무의 적으로 만드는 것이며, 바로 우리가 하려고 했던 것이다. 그리고 그 결과는 참담했다.

건물의 기초를 놓을 때 계산 착오가 있으면 건물 전체가 비뚤어진다. 우리에게 행동하는 믿음 대신 행동을 대신하는 믿음을 제시한 실수는 우리 시대에 균형이 맞지 않고 추한 것들을 세웠다. 우리는 그것을 부끄러워할 것이며, 그리스도가 우리 마음의 은밀한 부분들을 심판하실 때 그것에 대해 엄격하게 해명해야 할 것이다.

실제로 우리는 어떤 그리스도인이 기도를 봉사의 대체물로 사용하려 한다는 걸 잘 알면서도 자신의 문제에 대해 기도할 거라고 장담하는 것을 들을 때, 미묘하고 종종 무의식적인 대체 행위를 감지하게 된다. 불쌍한 친구의 필요를 직접 채워주는 것보다 그것이 채워지길 기도하는 것이 훨씬 더 쉽다. 야고보의 말은 역설로 달아오른다.

"만일 형제나 자매가 헐벗고 일용할 양식이 없는데 너희 중에 누구든지 그에게 이르되 평안히 가라, 덥게 하라, 배부르게 하라 하며 그 몸에 쓸 것을 주지 아니하면 무슨 유익이 있으리요"(약 2:15,16).

신비주의적인 요한은 종교로 행동을 대신하는 것과 관련된 모순을 보았다.

"누가 이 세상의 재물을 가지고 형제의 궁핍함을 보고도 도와

줄 마음을 닫으면 하나님의 사랑이 어찌 그 속에 거하겠느냐 자녀들아 우리가 말과 혀로만 사랑하지 말고 행함과 진실함으로 하자 이로써 우리가 진리에 속한 줄을 알고 또 우리 마음을 주 앞에서 굳세게 하리니"(요일 3:17-19).

이 모든 것을 제대로 이해하게 되면 거짓되고 인위적인 이분법은 파괴될 것이다. 그리고 우리의 믿음이 줄어드는 것이 아니라 경건의 행위가 더 많아질 것이다. 기도가 줄어드는 것이 아니라 섬김이 더 많아질 것이다. 말이 줄어드는 것이 아니라 거룩한 행실이 늘어날 것이다. 신앙고백이 약해지는 것이 아니라 더 용감하게 나아갈 것이다. 행동의 대체물로서의 신앙이 아니라 믿음 충만한 행동 안의 신앙이 될 것이다.

그것은 결국 우리가 신약성경의 가르침으로 다시 돌아갈 거라는 말이 아니겠는가?

＊ *Born After Midnight*
　Christian Publications, 1959; Moody Publishers, 2015, 재출간.

＊ *Of God and Men*
　Christian Publications, 1960; Moody Publishers, 2015, 재출간.

CHAPTER
12

천국을
준비하라

이는 그가 하나님이 계획하시고 지으실 터가 있는 성을 바랐음이라

히 11:10

나는 현실에 안주하려고만 하는 그리스도인들에게 충격을 줄
수 있는 새로운 방법을 알아냈다. 그들은 구원만 받으면 자동
적으로 천국에 갈 준비가 되는 거라는 생각이 잘못이라는 말에
충격을 받는다.

우리가 천국의 집에 들어갈 수 있도록 준비시키기 위한 징계와
훈련에 관해 성경이 어떻게 가르치는지 생각해보려는 이들이 교
회에 매우 드문 시대이다. 히브리서 저자는 예수 그리스도를 믿
음으로 하나님의 자녀가 된 자들에게 분명한 가르침을 주었다.

"너희가 참음은 징계를 받기 위함이라 하나님이 아들과 같이 너희를 대우하시나니 어찌 아버지가 징계하지 않는 아들이 있으리요 징계는 다 받는 것이거늘 너희에게 없으면 사생자요 친 아들이 아니니라 … 오직 하나님은 우리의 유익을 위하여 그의 거룩하심에 참여하게 하시느니라 … 모든 사람과 더불어 화평함과 거룩함을 따르라 이것이 없이는 아무도 주를 보지 못하리라"(히 12:7-14).

영원을 위한 오늘의 삶

나는 이제 하늘나라에서의 영원한 삶을 준비하는 그리스도인이 오늘을 어떻게 살아야 하는지에 대해 말하고자 한다.

먼저, 믿음에 대한 가장 중요한 선언에 동의하는지 살펴보라. 믿음에서 가장 중요한 것은 '복음'이다. 이에 대해선 의심의 여지가 없다. 이는 누구든지 예수 그리스도를 구주와 주로 믿음으로 하나님께 죄 사함과 영생을 선물로 받게 될 거라는 사실이다. 기독교의 복음 안에 있는 이 근본 진리의 중요성은 아무리 강조해도 지나치지 않으며, 그만큼 자주 선포되었다.

바울이 빌립보의 간수에게 주었던 구원에 관한 이 엄연하고 단순한 지침을 보라.

"주 예수를 믿으라 그리하면 너와 네 집이 구원을 받으리라"(행 16:31).

그리스도를 믿는 우리는 자신이 어떻게 예수 그리스도와 그분의 대속 죽음을 믿음으로 변화되고 거듭났으며 영생을 얻었는지 알고 있다. 그러나 믿음으로 구원을 받는다는 이 좋은 소식이 알려지지 않은 곳에서 종교는 하나의 속박이 되어버린다. 기독교가 종교적 조직으로만 알려진다면 그저 율법적인 종교 체제에 머물게 될 뿐이며, 영생의 소망은 망상이 된다.

하나님의 목표는 우리의 거룩이다

앞에서도 말했지만, 하나님은 당신이 천국에 갈 수 있도록 매일의 삶 속에서 당신을 온전히 준비시키기 원하신다. 나는 당신이 이 말을 들을 때 느낄 충격에 대비해서 예수 그리스도를 통한 구원의 확실성에 대해 많이 이야기했다.

나는 당신이 충격을 받는 것이 오히려 도움이 되리라 여긴다. 하지만 너무 세속적이고, 세상적으로 지혜롭고, 자기 확신이 넘치는 그리스도인들에게는 어떤 충격도 그저 지나갈 뿐이다.

아마도 당신이 충격에서 빠져나올 때 제일 먼저 드는 의문은 이것일 것이다.

"당신은 죽어가던 강도를 잊었습니까? 주님은 그의 믿음이 그를 낙원에 이르도록 준비시켰다고 말씀하지 않으셨습니까?"

당신에게 이야기해줄 것이 있다. 물론 은혜가 풍성하신 하나님은 생의 마지막에 이르러서야 예수님을 믿게 될 사람들을 위해 필요한 것을 확실히 준비해놓으셨다. 기독교의 복음을 사랑하고 그것을 다른 사람들에게 증거하는 사람이라면 이 사실을 충분히 이해하고 있을 것이다.

우리는 우리의 인간성을 인정한다. 우리에겐 하나님의 지혜와 분별력이 없다. 오직 하나님만이 모든 것을 아시며, 모든 능력을 갖고 계신다. 그분에게는 은혜와 진리가 충만하다. 그러기에 우리는 하나님이 우리에게 하시는 모든 일에 있어 신실하시고 의로우심을 믿는다.

그러나 많은 신자들이 인생의 이른 시기에 하나님을 만났고, 그분의 사랑과 은혜를 받았다. 따라서 그들은 오랫동안 하나님의 집 안에 있었고, 하나님은 매년, 매일 그들 안에서 특별한 일을 행하려고 시도해오셨다. 하나님의 목적은 많은 자녀들을 영광으로 인도하는 것이다. 그러므로 진정한 하나님의 자녀가 되었다면, 우리를 영적으로 온전케 하기 위한 지혜로운 훈계와 꼭 필요한 질책에 응답해야 한다.

하나님의 동기는 언제나 사랑이다. 우리의 하늘 아버지께서는 우리의 유익을 위해, 즉 "그의 거룩하심에 참여하게"(히 12:10) 하시려고 우리를 징계하신다. 하나님의 신실한 자녀가 된 우리의 마음은 거룩함에 끌려야 한다. 거룩함은 하나님을 닮는 것이기 때문이다!

하나님은 모든 그리스도인들에게 거룩함을 따르도록 격려하신다. 거룩함은 우리의 지속적인 야망이 되어야 한다. 하나님이 거룩하신 만큼 거룩해지는 것이 아니라, 하나님이 거룩하시기 때문에 거룩해야 하는 것이다. 우리는 우리가 누구인지 알고, 하나님은 하나님이 누구인지 아신다. 하나님은 우리에게 하나님이 되라고 요구하지 않으시며, 오직 하나님 자신만이 아시는 거룩함을 우리에게 나타내라고 요구하지 않으신다. 오직 하나님만이 절대적으로 거룩하시다. 다른 것들은 모두 상대적으로 거룩해질 수 있을 뿐이다.

하늘의 천사들은 하나님의 거룩하심을 소유하고 있지 않다. 그들은 하나님의 영광을 나타내는 것에 만족한다. 그것이 그들의 거룩함이다.

하나님은 그분 자신 안에 존재하신다. 그분의 거룩한 속성을 우리의 마음으로 다 이해할 수는 없다. 신자이자 제자로서 우리는 하나님의 거룩한 인격의 신비로운 특성이 우주의 다른 모든 존재들과 그분을 구분한다는 것을 아는 것에 만족하면 된다.

하나님의 거룩한 속성은 특별한 것이다. 그분은 다른 사람들과 공유할 수 없는 본질을 갖고 계신다. 따라서 우리는 하나님이 그분 자신을 계시하실 때만 하나님을 알 수 있다. 우리가 그분을 알 수 있는 다른 방법은 없다.

우리가 하나님의 거룩하심과 선하심을 나타내길 바라시는 그분의 사랑의 갈망에 두려움을 느끼는 듯한 사람들이 있다. 거록함은 두려운 것이 아니다. 사실 하나님이 우리에게 그분의 본성을 공유하는 특권을 약속하신다는 것은 놀랍고 멋진 일이다.

누구도 하나님만큼 거룩해질 수는 없다. 하나님이 "우리의 체질을 아신다"(시 103:14)라는 것이 우리에게 격려가 된다. 하나님은 우리가 흙으로 만들어졌다는 걸 기억하신다. 따라서 우리를 생각하실 때 마음에 품으시는 것을 우리에게 말씀해주신다.

"내가 너희 하나님이고 나는 거룩하니 너희도 거룩하라! 나의 바람은 너희가 은혜와 나를 아는 지식 안에서 자라는 것이다. 나는 너희가 날마다 나의 영원한 아들 예수를 닮아가길 원한다!"

우리 주님은 이 땅에서 하나님의 순례자로 사는 동안 불과 홍수와 피와 눈물을 경험한 성인들과 순교자들, 믿음의 영웅들과 영원한 교제를 나누도록 우리를 준비시키려 하신다. 당신의 제자도와 영적 성숙을 위한 하나님의 시간들을 단축시키려 하지 말라. 아마 당신과 내가 회심했을 때 천국에 갈 준비가 다 되어있었다면 하나님은 즉시 우리를 그곳으로 데려가셨을 것이다.

하나님의 임재를 즐거워하라

구약 시대에 온전히 거룩하신 하나님이 인류에게 자신을 계시하실 때마다 나타났던 사람들의 반응은 두려움과 놀라움이었다. 사람들은 하나님과 달리 죄 많고 부정한 자신들을 보았다.

사도 요한은 성경의 마지막 책인 요한계시록에서 영광의 주님과의 만남이 가진 압도적인 특성을 이렇게 묘사한다.

"내가 볼 때에 그의 발 앞에 엎드러져 죽은 자같이 되매"(계 1:17).

요한은 죄악 된 세상에 태어난 사람이었다. 하지만 그는 신자였고 사도였다. 그때 그는 "하나님의 말씀과 예수를 증언하였음으로 말미암아" 유배를 떠나 있었다(계 1:9). 부활하사 영광을 받으신 주 예수님이 밧모섬에서 그에게 나타나셨을 때, 요한은 처참함과 두려움에 무너져 내렸다. 예수님은 즉시 그를 안심시키시며 몸을 굽혀 당신의 못 박힌 손을 엎드린 사도에게 얹으셨다. 그리고 이렇게 말씀하셨다.

"두려워하지 말라 나는 처음이요 마지막이니 곧 살아 있는 자라 내가 전에 죽었었노라 볼지어다 이제 세세토록 살아 있어 사망과 음부의 열쇠를 가졌노니"(계 1:17,18).

그리고 사도에게 이를 기록하라고 말씀하신다.

"그러므로 네가 본 것과 지금 있는 일과 장차 될 일을 기록하라"(계 1:19).

나는 특히 주님이 요한을 책망하지 않으신 것에 주목한다. 주님의 거룩한 능력이 나타나자 그에 대한 반응으로 요한의 연약함이 드러났다. 주님은 요한이 자신의 무가치함을 느낀 것이 절대적인 거룩함에 대한 즉각적인 반응이라는 걸 아셨다. 요한과 더불어 모든 구속받은 사람에게는 거룩한 하나님의 임재에 의해서만 생길 수 있는 겸손함이 필요하다.

이 신비로우면서도 은혜로운 임재는 영원한 생명의 느낌이다. 그것은 존재의 음악이며, 그리스도인의 삶의 시이다. 그리스도의 사람이 되는 신비와 아름다움이다. 즉 죄인이 거듭나 중생을 입고, 하나님께 영광을 돌리기 위해 새롭게 창조되는 것이다. 이 임재를 알아야만 한다. 하나님의 임재에 둘러싸여 사는 것은 아름답고 바람직할 뿐만 아니라 또한 꼭 필요한 일이다.

우리의 살아 계신 주님은 말할 수 없이 순수하시다. 그분은 죄가 없고, 흠이 없으시며, 오류가 없으시고, 어떤 때도 묻지 않으셨다. 그분의 인격 안에는, 우리의 말로는 도저히 표현할 길이 없는 절대적 순수함이 가득하다.

이 사실은 우리의 인간적이고 도덕적인 관점을 변화시킨다. 우리는 가장 중요한 이 사실을 확신할 수 있다. 곧 하나님은 하나님이시고 하나님은 의로우시다는 것이다. 그분이 우리를 다스리신다. 그 하나님은 절대 변하지 않으신다!

다시 한번 말한다. 하나님은 의로우시다. 언제나! 이 사실은 우리가 하나님에 대해 생각하는 모든 것의 근거가 된다.

하루아침에 이루어지는 것은 없다

영원하신 하나님께서 우리에게 장차 그분과 함께하기 위한 준비를 하라고 친히 말씀하실 때, 우리는 그저 기쁨과 감사로 고개를 숙이며 "주님의 뜻이 이 가련하고 무가치한 삶에서 이루어지게 하소서!"라고 속삭일 수 있을 뿐이다.

우리의 하루하루는 영적 준비를 하는 날이고, 하늘에 있는 우리의 종착지를 염두에 두고 시험과 징계를 견디는 날이다. 나는 당신이 이 진리를 직시할 수 있을 만큼 지혜롭고, 갈망을 품고 있으며, 영적인 사람이기를 바랄 뿐이다. 영생을 얻기 위한 자격은 즉시, 저절로, 고통 없이 얻어지는 것이 아니기 때문이다.

또한 이 맥락에서 우리의 복음주의 교회들이 그토록 혼란에 빠진 이유를 당신이 깨달을 수 있길 바란다. 지금은 고통 없는 기독교 신앙과 저절로 이루어지는 거룩을 설교하는 것이 대중적이 되었다. 그것은 우리의 인스턴트 문화의 한 부분이 되었다.

"커피에 물을 조금 붓고 가볍게 저으며, 복음 소책자를 집어들면 당신은 그리스도인의 길을 가고 있는 것이다."

우리는 이것이 성경의 기독교라는 말을 듣는다. 하지만 그렇지 않다! 이런 말을 따른다면, 참된 기독교 신앙의 일부분, 그것도 가장자리만 경험하게 될 것이다. 우리는 '주 예수 그리스도를 믿는다'라는 말이 의미하는 모든 것에 헌신해야 한다. 우리는 위로부터 새롭게 태어나야 한다. 그렇지 않으면 종교적 속박과 율법주의와 망상 속에 있는 것이다. 혹은 그보다 더 나쁜 상황일 수도 있다.

중생의 경이로움이 우리의 삶 속에 나타나면, 성령의 인도하심을 따라 준비하는 일생이 찾아온다. 하나님은 우리에게 천국과 하나님나라의 영광이 인간이 꿈꾸거나 상상하는 것 이상이라고 말씀해주셨다. 그것은 일상의 흔한 전시회도, 영적으로 평범한 이들을 위한 민주주의도 아닐 것이다.

왜 우리는 하나님의 은혜롭고 값진 제자도의 계획을 폄하하려 하는가? 하나님은 구속하신 모든 이들을 위한 고귀한 계획들을 갖고 계신다. 하나님의 동기가 사랑과 선함이라는 것은 그분의 무한한 존재 안에 내재된 특성이다. 우리를 위한 하나님의 계획들은 그분의 영원하고 독창적인 지혜와 능력으로부터 나온다. 그 너머엔 인간의 본성 안에 내재된 놀라운 잠재력에 대한 하나님의 지식과 관심이 있다. 그것은 죄 속에서 오래 잠들어 있었지만 거듭날 때 성령에 의해 깨어난다.

하나님은 우리를 그리스도의 제자로 삼으심으로 우리를 준비시키신다. 제자는 훈련을 받는 사람이다. 그리스도의 제자가 되면 날마다 훈련, 질책, 교정, 고난 같은 용어들의 실체를 접하게 된다. 이 단어들은 별로 유쾌하지 않다. 훈계와 지시를 받는 것, 벌을 받고 책망을 듣는 것, 훈련과 교정을 받는 것, 누구도 이런 것들을 선택하려 하지 않는다. 유쾌한 일도, 즐거운 일도 아니기 때문이다. 그러나 그것들은 우리의 영적 성숙을 위한 하나님의 계획 안에 포함되어 있다.

어떻게 반응할 것인가?

시험과 고난을 당할 때 그리스도인들이 낙심하여 "하나님이 날 사랑하신다는 걸 어떻게 믿을 수 있습니까?"라고 부르짖는 것을 들었다. 사실 하나님은 우리가 "믿는 것과 아는 일에 하나가 되어 … 그리스도의 장성한 분량이 충만한 데"(엡 4:13) 이를 때까지 우리를 성장시키기 위해 필요한 모든 수단들을 사용하실 만큼 우리를 사랑하신다.

어떤 비평가들은 하나님이 우리의 기를 꺾고 있다고, 그 결과 우리는 무가치한 존재가 될 것이며, 영원히 슬프고 처량한 표정만 지을 거라고 비난할 것이다. 그것은 사실이 아니다. 하나님의 계획은 우리가 하나님의 보좌로부터 영원히 흘러나오는 지혜와 능력과 거룩함을 따르도록 하는 것이다.

하나님의 사랑의 동기는 우리가 하나님 자신과 완전한 조화를 이루어 이 세상과 다음 세상에서 도덕적 능력과 거룩한 효용성을 갖도록 하는 것이다.

지금까지 나는 천국의 기쁨을 맞게 해줄 현실적인 준비에 관한, 내 마음에서 우러난 메시지를 전했다. 이제 나는 단순하고 실제적인 예로 글을 마무리하려 한다.

이 시끄러운 세상의 혼란 속에 갑자기 들어오게 된 갓난아기 이야기다. 이 어린 아기는 자기가 살아야 할 세상을 맞을 '준비'를 마쳤을까? 그의 출생 시각이 가까웠을 때 의사는 부모가 될 이들에게 "아기가 나올 준비가 되었습니다!"라고 말했다. 아기가 태어날 때 생물학적 의미에서는 준비가 다 되었다고 말할 수 있을 것이다.

하지만 당신은 정말로 어떻게 생각하는가? 당신은 그 아기가 실제로 전혀 준비가 되어 있지 않다는 걸 알아야 한다. 세상에 나온 아기가 평생 바르게 숨을 쉴 수 있도록 아기를 살짝 때려 울릴 때부터, 그 아기는 많은 것을 배워가야 한다. 시간이 지나 어린이가 되었을 때, 청년이 되어서도 마찬가지다. 그 아기는 날마다 성숙해져야 한다.

더 넓게, 즉 사회적으로나 인간적인 의미로 본다면 그는 몇 십년이 지나 공적 교육을 마칠 때까지도 이 세상에 적응할 준비를 마무리하지는 못할 것이다. 예수 그리스도에 대한 믿음을 고백한 신자도 마찬가지다. 물론 그는 죄 사함을 받고 구원을 받는다. 하지만 천국과 위에 있는 모든 영원한 영광을 맞을 준비가 저절로 갖춰지는 것은 아니다. 만일 그렇다고 말한다면 터무니없는 대답이다. 차라리 갓난아기를 대통령이나 수상의 의자에 앉히고는 아기의 귀에 대고 나라를 통치할 준비가 되었다고 속삭이는 것이 더 낫겠다.

내 마음은 믿음으로 이렇게 기도했던 옛 성인들에게 자주 돌아간다.

"오, 하나님, 우리는 이 세상이 오직 다가올 천국을 위한 탈의

실에 불과하다는 걸 압니다!"

그들은 하나님이 그분의 자녀들을 위해 계획하신 일에 대해 거의 이해하고 있었다.

요약하면 이렇다. 이 세상에서는 오케스트라가 리허설을 하는 것뿐이다. 우리는 그 세상에서 콘서트를 열 것이다. 여기서 우리는 의의 옷을 준비한다. 그리고 그 세상에서는 그 옷을 입고 어린 양의 혼인잔치에 참석할 것이다.

* *Jesus, Author of Our Faith*
  Christian Publications, 1988; WingSpread Publishers, 2007, 재출간.

가서 전하라

가서 모든 민족을 제자로 삼아 마 28:19

어느 순간 '은밀한' 또는 '침묵하는' 그리스도인이 된 사람들에
대해 들어보았을 것이다. 천국에 가면, 그리스도인이었으나 그
것을 밝힌 적이 없는 사람들을 발견하고 깜짝 놀랄 거라는 이야
기도 들었을 것이다. 나는 침묵하는 그리스도인은 문제가 있다
고 생각한다.

조울증이라는 이상 심리상태가 있다. 그 상태에 들어간 사람
들은 말을 하지 않고 그저 가만히 앉아 있다. 그게 전부다. 말
하고 싶어 하지 않는 마음은 문제가 있다. 하나님은 당신에게
입을 주셨고, 당신이 그 입을 사용하여 당신의 내면에서 일어나
는 놀라운 일들을 표현하게 하셨다.

우리가 그리스도 안에서 하나님께 나아가 자신을 하나님께

드릴 때 가장 먼저 하는 일 중 하나가 "아바, 아버지!"라고 말하는 것이다. 어떤 이는 퀘이커 교도들은 자신들의 종교에 대해 말하지 않는다고, 그저 그것을 실천한다고 묘사한다.

사람은 자기가 마음에 가장 가까이 두고 있는 것들을 말하게 되어 있다. 하나님이 당신의 마음에 가까이 계시다면 당신은 하나님에 대해 이야기할 것이다. 카나스타(두 벌의 카드로 두 팀이 하는 카드놀이의 일종 - 역주) 테이블에 둘러앉아 있거나 담소를 나누며 담배를 피우고 있는 사람들을 생각해보라. 그들은 절대 '종교'라는 주제를 꺼내지 않는다. 누군가 "종교나 하나님, 또는 믿음에 대해 이야기해 보는 건 어때요?"라고 말하면, 그들은 "그건 너무 거룩해서 입으로 말할 수가 없어요"라고 대답한다. 하지만 그들이 본 적도 없고 묘사할 수도 없는 것들이 분명 존재한다. 그들이 가본 적이 없는 곳들이 있다. 그럼에도 그들은 핑계를 댄다. 그게 그들의 문제다.

조용한 종교를 가진 그들은 "나는 할 말이 없습니다. 전혀요! 저는 마음속으로 하나님을 예배합니다"라고 말한다. 하지만 진짜 기독교는 그렇지 않다. 천상의 존재들은 자신들의 목소리로 "거룩하다, 거룩하다, 거룩하다!"라고 말했다.

성경은 믿음을 표현과 연관시키며, 표현하지 않는 믿음은 성경적인 믿음이 아니라고 했다. 우리는 마음으로 믿고 우리의 입술로 예수 그리스도를 주라 시인하여 구원을 받을 것이기 때문이다. 어떤 사람이 "저는 마음속으로 하나님을 예배합니다"라고 말한다면, 나는 정말 그런지 궁금해진다. 자신의 입을 열 만큼 충분한 영적 열망을 가지 못한 사실에 대해 변명을 하고 있는 것은 아닌지 말이다.

사랑은 말하게 한다

영적 경험들은 나누어지기 마련이다. 오랫동안 그것을 혼자 즐기는 것은 불가능하다. 그 이유는 명백하다. 우리의 영혼이 하나님께 가까이 이끌릴수록 우리의 사랑도 더 커질 것이기 때문이다. 우리의 사랑이 커질수록 우리는 더 이타적인 사람이 되고 다른 사람들의 영혼에 더 큰 관심을 갖게 될 것이기 때문이다. 그러니 진실한 경험을 가지게 될수록, 영적 경험들이 많아질수록 자신이 누리는 은혜를 다른 사람들도 동일하게 경험했으면 좋겠다는 강한 열망이 생겨난다. 이것은 아주 자연스럽게 다른 사람들을 하나님과의 더 친밀하고 만족스러운 교제로 인도하려는 노력으로 이어진다.

인류는 하나다. 하나님은 "인류의 모든 족속을 한 혈통으로 만드사 온 땅에 살게 하시고"(행 17:26), 사회의 각 구성원들을 서로를 위해 만드셨다. 은둔자가 아니라 사회 속에 있는 사람들이 그들의 창조 목적을 수행하기에 가장 적합한 장소에 있는 것이다. 물론 하나님을 찾는 자가 야곱처럼 홀로 강둑에서 씨름해야 하는 시간도 반드시 필요하겠지만, 홀로 지낸 경험의 결과는 반드시 가족과 친구에게, 그리고 사회로 흘러가야 한다.

진정으로 하나님과 또 영적인 경험들과 만났다면 나누고 함께하려는 마음이 따라오기 마련이다. 우물가의 여인은 예수님과 영혼을 감화시키는 만남 후에 자신의 물동이를 버려두고 급히 동네로 들어가 예수님을 만나보라며 친구들을 설득했다.

"내가 행한 모든 일을 내게 말한 사람을 와서 보라 이는 그리스도가 아니냐?"(요 4:29)

그녀는 영적 흥분을 그녀의 마음속에만 담아둘 수 없었다. 누군가에게 말을 해야만 했다.

우리 주님이 은밀한 제자도가 불가능하다고 말씀하셨을 때, 이런 일들을 염두에 두신 것이 아닐까? 우리가 믿음과 증언의 참된 관계를 오해하고 있었던 건 아닌가? 그리스도는 은밀한 제자도 같은 것은 있을 수 없다고 명백히 밝히셨고, 바울은 "사람이 마음으로 믿어 의에 이르고 입으로 시인하여 구원에 이르느니라"(롬 10:10)라고 말했다. 이것은 하나님이 '구원이 우리 안에서 효력을 나타내려면 먼저 우리의 입을 열어 고백해야 한다'라는 임의적인 요구조건을 우리에게 부여하셨다는 의미로 이해할 수 있다. 그것이 이 구절의 올바른 의미일 것이다. 혹은 고백이 믿음으로 마음에 이른 구원의 증거이고, 전하고 싶은 충동이나 기쁘게 증언하고자 하는 마음이 없다면 구원의 은혜에 대한 진정한 내적 경험이 없다는 말씀이실까?

은혜는 나눔을 갈망한다

영적 축복을 나누고 싶은 충동은 많은 종교적 현상들을 설명해 준다. 심지어 한 사람에게서 다른 사람에게로 일종의 간접적 지분 양도가 이루어지기도 한다. 즉, 축복받은 영혼은, 꼭 필요하다면 자신의 축복을 포기하면서까지 다른 사람이 그 복을 받게 하려 한다. 모세의 기도도 그렇게 이해될 수 있다.

"이 백성이 자기들을 위하여 금신을 만들었사오니 큰 죄를 범하였나이다 그러나 이제 그들의 죄를 사하시옵소서 그렇지 아니하시오면 원하건대 주께서 기록하신 책에서 내 이름을 지워 버려 주옵소서"(출 32:31,32).

이스라엘을 향한 마음이 너무나 컸기 때문에, 그는 그들을 위해 하나님 앞에서 경솔하고 거의 무모한 기도를 드렸다. 모세는 이스라엘이 용서를 받는 것이 자신에게 충분한 보상이 된다고 생각했다. 충동적으로 쏟아져 나온 이 대리적 사랑은 인간 이성의 기준으로는 옹호하기 어렵다. 그러나 하나님은 그것을 이해하시고 모세의 요청을 들어주셨다.

다른 사람들이 자신과 같은 영적 특권을 누리도록 하려는 강렬한 욕구는 한때 바울로 하여금 매우 극단적이고 무모하며 일반적인 이성으로는 승인할 수 없는 말을 하도록 이끌었다.

"내가 그리스도 안에서 참말을 하고 거짓말을 아니하노라 나에게 큰 근심이 있는 것과 마음에 그치지 않는 고통이 있는 것을 내 양심이 성령 안에서 나와 더불어 증언하노니 나의 형제 곧 골육의 친척을 위하여 내 자신이 저주를 받아 그리스도에게서 끊어질지라도 원하는 바로라"(롬 9:1-3).

이런 관점에서 보면, 왜 훌륭한 그리스도인 교사들이 참된 영적 경험은 나누어야 한다고 주장했는지 쉽게 이해된다.

하나님을 섬기기 위해 꼭 교회에 갈 필요가 없다는 사람들은 가장 기본적인 영적 진리들을 전혀 이해하지 못하는 것이다. 그들은 신앙공동체에서 스스로를 단절시킴으로, 나누고자 하는 깊은 충동을 전혀 느낀 적이 없다는 걸 증명하고 있다. 그리고 바로 그 이유 때문에 그는 나눌 것이 없다. 그는 그리스도의 강권하는 사랑을 느낀 적이 없다. 그는 조용히 자신의 길을 간다. 그가 믿음의 교제를 멀리하는 모습은 그가 자신에 대해 아는 것보다 더 많은 것을 우리에게 말해주는 셈이다.

"사도들이 놓이매 그 동료에게 가서"(행 4:23).

초대교회 때부터 하나님을 만난 사람들은 늘 그랬다. 그들은 받은 은혜를 나누기 원했고, 지금도 그렇다.

* *Tozer Speaks*, Volume 1

* *The Set of the Sail*

제자도 DISCIPLESHIP

초판 1쇄 발행	2019년 10월 14일
초판 2쇄 발행	2023년 6월 30일

지은이	A.W. 토저
옮긴이	유정희

펴낸이	여진구		
책임편집	이영주		
편집	박소영 최현수 안수경 김도연 김아진 정아혜		
책임디자인	마영애	노지현 조은혜 이하은		
홍보·외서	진효지		
마케팅	김상순 강성민	마케팅지원	최영배 정나영
제작	조영석	경영지원	김혜경 김경희 이지수

303비전성경암송학교 유니게 과정 박정숙
이슬비전도학교 / 303비전성경암송학교 / 303비전꿈나무장학회

펴낸곳	규장

주소 06770 서울시 서초구 매헌로 16길 20(양재2동) 규장선교센터
전화 02)578-0003   팩스 02)578-7332
이메일 kyujang0691@gmail.com   홈페이지 www.kyujang.com
페이스북 facebook.com/kyujangbook   인스타그램 instagram.com/kyujang_com
카카오스토리 story.kakao.com/kyujangbook
등록일 1978.8.14. 제1-22

ⓒ한국어 판권은 규장에 있습니다.
이 출판물은 저작권법에 의해 보호를 받는 저작물이므로 무단 전재와 무단 복제를 할 수 없습니다.

책값 뒤표지에 있습니다.
ISBN 979-11-6504-015-4 03230

규 | 장 | 수 | 칙

1. 기도로 기획하고 기도로 제작한다.
2. 오직 그리스도의 성품을 사모하는 독자가 원하고 필요로 하는 책만을 출판한다.
3. 한 활자 한 문장에 온 정성을 쏟는다.
4. 성실과 정화를 생명으로 삼고 일한다.
5. 긍정적이며 적극적인 신앙과 신행일치에의 안내자의 사명을 다한다.
6. 충고와 조언을 항상 감사로 경청한다.
7. 지상목표는 문서선교에 있다.